Kristiane Müller-Urban
Fotos von Eberhard Urban

Hessische Suppenküche

Die besten Rezepte –
einfach, raffiniert
und immer köstlich

Ein herzliches Dankeschön gilt Patrick Nerlich
von der Suppenbar „Soupreme" in Offenbach, der die köstlichen Rezepte
auf den Seiten 28 (unten), 43 (unten), 44, 45, 54, 55,
58 und 59 für dieses Buch gekocht hat.

© 2004 Frankfurter Societäts-Druckerei GmbH
Schutzumschlaggestaltung: Tijana Veljovic
Schutzumschlagabbildung: Eberhard Urban
Layout und Satz: Jörn Roßberg, Societäts-Verlag
Druck und Verarbeitung: Bercker Graphischer Betrieb, Kevelaer
Printed in Germany 2004
ISBN 3-7973-0903-1

Für meine Suppenkasper Annette, Carlottchen, Eberhard und Rainer, die stets klaglos ge-kostet und nie mit Lob und Tadel gegeizt haben. Süßsaure Brotsuppe mit Rosinen gibt's nie wieder: Ehrenwort!

Ein Loblied auf die Suppe

Endlich sind sie vorbei, die Zeiten der langweiligen Suppen und mächtigen Eintöpfe, in denen sich in einem Topf versammelte, was die Speisekammer oder der Kühlschrank gerade hergab. Was ich für Sie in einen Suppentopf mit viel Liebe, guten Zutaten, einer wohl komponierten Gewürzmischung und aromatischen Kräutern gerührt habe, verspricht ein unvergessliches Geschmackserlebnis.

Gibt es eigentlich die echte hessische Suppe?

Um die Zeitenwende zogen Horden von wilden Germanen durchs schöne Hessenland und vertrieben die Kelten. Die Römer waren bereits am Rhein und errichteten den Limes, der sie vor den Germanen schützen sollte. Auf beiden Seiten des Walls wurden in großen Kesseln sättigende Suppen gekocht. Die Germanen liebten es deftig, die Römer leichter und verfeinerten ihre Süppchen mit einem ordentlichen Schuss Wein, den sie von daheim mitgebracht hatten.

Herzlich willkommen in Hessen!

Hessen – am Schnittpunkt vieler Wege von West nach Ost, von Süd nach Nord – war schon immer ein Land, in dem Gastfreundschaft gepflegt wurde. Bereits 1150 fanden in Frankfurt Messen statt, jedoch erst 1240 wurde sie Messestadt mit kaiserlichem Brief und Siegel. Von überall her strömten die Aussteller und Besucher. Und manch ein Handelsmann von weit her verliebte sich in eine hübsche Hessin und kehrte nicht mehr nach Hause zurück.

Die Liebste kochte eines Tages Gemüsesuppe und der zugereiste Gemahl warf noch ein paar frische Thymianblättchen, die die Mama aus der fernen Heimat durch einen Kurier schickte, in den Suppentopf. Welch ein köstlicher Genuss!

Als Landgraf Karl von Hessen-Kassel 1685 sein Land für die französischen Glaubensflüchtlinge öffnete, hatten die Hugenotten nicht nur ihr handwerkliches Geschick, sondern auch ihre Suppenrezepte im Gepäck. Und so gelangte französische Raffinesse in hessische Suppentöpfe.

Im 20. Jahrhundert waren es nach 1945 die Flüchtlinge aus dem Osten und ein paar Jahre später die Gastarbeiter aus Südeuropa, die gesunden Knoblauch, würzige Paprikaschoten, herbe Artischocken, violettglänzende Auberginen und aromatische Tomaten, Rosmarin und Salbei in den Suppentopf warfen. Und wieder ein paar Jahre später würzten Zitronengras, Kaffirblätter, Kreuzkümmel und Kokosmilch die Möhren- und Gurkensuppe: Die asiatische Küche überzeugte hessische Suppenköchinnen und -köche. Heute bringen uns moderne Transportmittel die feinsten Kräuter und Gewürze, Früchte und Beeren, Fleisch und Geflügel, Fisch und Meeresfrüchte aus aller Welt, auf das unsere Suppen noch köstlicher schmecken.

All die vielen Menschen, die in Hessen eine neue Heimat fanden, veränderten im Lauf der Zeiten die Kochkunst und den Suppengeschmack. Die Suppe soll nicht mehr nur satt machen, sondern sie muß obendrein auch sehr gut schmecken.

> **Hinweis:**
> Suppe wird mit Wasser gekocht. Aber für den guten Geschmack brauchen Koch und Köchin eine gute Brühe. Im letzten Kapitel dieses Buches finden Sie viele Rezepte für gehaltvolle Brühen, mit denen Ihre Suppe einfach köstlich schmecken wird. Außerdem befinden sich dort ein paar leckere Rezepte für sättigende Suppeneinlagen.

Aus Wäldern, Feldern, Flüssen!

Hessen ist ein waldreiches Land, in dem keine Räuber, wohl aber Has, Reh, Hirsch und Wildschwein anzutreffen sind. An der Bergstraße und im Rheingau gedeihen Trauben, die einen vorzüglichen Wein ergeben. Obst, Gemüse, Kräuter, Lamm- und Rindfleisch, würziger Speck, Fische aus sauberen Bächen und Teichen und alle Köstlichkeiten dieser Welt vereinen sich zu hessischen Suppen – vielfältig, abwechslungsreich, raffiniert und immer köstlich.

Viele Köche – viele leckere Suppen

Auch ich wurde nicht mit Apfelwein getauft, sondern mit Elbwasser. Aber ich habe schon als junger Mensch Apfelwein kennen und lieben gelernt, und zwar in Verbindung mit Handkäs mit Musik, Schneegestöber, grüner Soße, Haspel mit Kraut, Blutwurst, Schwartenmagen und Presskopf, Gelbwurst und Fleischwurst, kräftigem Sauerteigbrot, Lammfleisch aus der Rhön, Odenwälder Kartoffeln, Wild aus den weiten Wäldern und Fischen aus heimischen Gewässern. Und weil ich den Apfelwein so liebe, habe ich auch ein Kochbuch fürs Stöffche geschrieben – erschienen im Societäts-Verlag.

Sie finden auf den folgenden Seiten Suppen, die in Hessen gern gekocht und gegessen werden. Manch eine Zutat stammt aus Hessen, wie beispielsweise der Hokkaidokürbis, der ursprünglich in Asien beheimatet ist. Anderes gibt es in Hessen auf Märkten, in Supermärkten, in ausländischen Lebensmittelgeschäften, in Hofläden, Reformhäusern und Bioläden zu kaufen. Zahlreiche Gemüse und Kräuter sind im Lauf der Zeit in Vergessenheit geraten und bereichern heute wieder unseren Speisezettel, wie beispielsweise Mangold, Pastinake, Brunnenkresse oder Portulak. Auch der köstliche Spitzkohl, einst nur auf den Fildern bei Stuttgart zu Hause, wächst auf hessischem Boden und verwandelt sich mit allerlei anderen köstlichen Zutaten zu einer wunderbaren Suppe.

In diesem Sinne: Genießen Sie die hessische Suppenküche, haben Sie Spaß beim Einkaufen, Freude beim Zubereiten und kochen Sie auf Ihrem Herd Ihr eigenes leckeres Süppchen.

Guten Appetit wünscht Ihnen
Ihre Kristiane Müller-Urban

Kapitel 1

Zum Auftakt eines festlichen Menüs: Raffinierte Süppchen

Kartoffelcremesuppe mit Haselnüssen

Zutaten

- 2 Schalotten
- 150 g Dörrfleisch
- 2 EL Rapsöl
- 1 Bund Suppengrün
- 3/4 l Fleischbrühe
- 1 Stück Zitronenschale
- 650 g mehlig kochende Kartoffeln
- 250 g süße Sahne
- Salz
- Pfeffer aus der Mühle
- Muskatnuss
- 1 Döschen Safran
- 40 g Haselnussblättchen
- 6 EL Butter
- 4 EL gehackte Petersilie

Zubereitung

Schalotten abziehen und fein würfeln, Dörrfleisch ohne Schwarte ebenfalls würfeln. Beides im heißen Rapsöl anschwitzen. Suppengrün putzen, bei Bedarf schälen und klein schneiden. Zu den Schalotten geben und kurz mitrösten. Fleischbrühe angießen und die Zitronenschale hinzufügen.

Die Kartoffeln schälen, würfeln und in der heißen Brühe sehr weich kochen. Die Suppe durch ein feines Sieb streichen und mit der Sahne wieder zum Kochen bringen. Mit Salz, Pfeffer, frisch geriebener Muskatnuss und Safran pikant abschmecken. Die Haselnussblättchen in der Butter leicht rösten, mit der Petersilie mischen und über die Suppe streuen.

Spinatcremesuppe mit Ei

Zutaten

- 2 Schalotten
- 1 Knoblauchzehe
- 3 EL Butter
- 350 g zarte Spinatblätter
- 3/4 l Hühnerbrühe
- 200 g süße Sahne
- Salz
- Pfeffer aus der Mühle
- Zucker
- Muskatnuss
- 2 Stück Zitronenschale
- 50 g Lachsschinken
- 2 hart gekochte Eier

Zubereitung

Schalotten und Knoblauch abziehen und in heißer Butter anschwitzen. Geputzte und gewaschene Spinatblätter und Brühe dazugeben und 10 Minuten kochen. Sahne angießen und die Suppe pürieren. Mit Salz, Pfeffer, Zucker und frisch geriebener Muskatnuss pikant abschmecken. Zitronenschale und Lachsschinken in sehr feine Streifen schneiden, die Eier fein hacken, alles mischen und über die Suppe streuen.

Knoblauchcremesuppe

Zutaten

- 5 EL Mandelblättchen
- 1 TL Zucker
- 1 TL Butter
- 1 TL frische Thymianblättchen
- Salz
- etwas Öl
- 1 Knoblauchknolle
- 250 g Schalotten
- 4 EL Butter
- 1/8 l Apfelwein
- 1 l Hühnerbrühe
- 4 Lorbeerblätter
- Pfeffer aus der Mühle
- Cayennepfeffer
- 100 g Schmand
- 50 g Schinkenspeck

Zubereitung

Mandelblättchen in einer fettfreien Pfanne leicht rösten, Zucker und Butter hinzufügen und karamellisieren lassen. Thymianblättchen und etwas Salz einrühren und auf einem eingefetteten Teller abkühlen lassen, dann zerbröseln.

Die einzelnen Knoblauchzehen lösen und abziehen. Schalotten ebenfalls abziehen und grob würfeln. Beides in der heißen Butter 3 Minuten anschwitzen. Mit Apfelwein ablöschen und um die Hälfte einkochen lassen. Brühe und Lorbeerblätter dazugeben und 20 Minuten sanft köcheln lassen. Die Suppe ohne Lorbeer pürieren und mit Salz, Pfeffer und Cayennepfeffer pikant abschmecken. Schmand mit etwas Salz und Pfeffer glatt rühren. Den Schinkenspeck in dünne Streifen schneiden und langsam in einer Pfanne knusprig braten. Mandelkrokant und Speck mit dem Schmand mischen und getrennt zur Suppe reichen.

Kürbiscremesuppe mit roten Linsen

Zutaten

- 750 g Hokkaidokürbis
- 50 g rote Linsen
- 1 Apfel
- 2 Schalotten
- 1 Knoblauchzehe
- 2 EL Butter
- 400 bis 500 ml Kalbsbrühe
- 2 Lorbeerblätter
- 1 walnussgroßes Stück Ingwer
- 1 Bio-Orange
- 200 g süße Sahne
- Salz
- Pfeffer aus der Mühle
- Cayennepfeffer
- Zitronensaft
- Muskatnuss
- 4 EL Kürbiskerne
- Kürbiskernöl

Zubereitung

Hokkaidokürbis vierteln, schälen und Kerne und weiche Fasern entfernen. Anschließend grob würfeln. Linsen kalt abspülen. Den Apfel vierteln, entkernen, schälen und klein schneiden.

Schalotten und Knoblauch abziehen, fein würfeln und in der heißen Butter anschwitzen. 400 ml Brühe angießen, Kürbis, Linsen und Apfelstückchen, Lorbeerblätter und fein geriebenen Ingwer hinzufügen und alles weich kochen.

Die Orange waschen, trockenreiben, etwas Schale abreiben und die Frucht auspressen. Die Suppe ohne Lorbeer pürieren. Orangensaft und -schale, Sahne und bei Bedarf noch etwas Brühe dazugeben. Alles mit Salz, Pfeffer, Cayennepfeffer, Zitronensaft und frisch geriebener Muskatnuss pikant abschmecken. Kürbiskerne leicht rösten, mit Kürbiskernöl mischen und in die Suppe streuen.

Kohlrabi-Käse-Suppe

Zutaten

- 2 mittelgroße Kohlrabis mit Grün
- 3/4 l Hühnerbrühe
- 200 g Schmand
- 150 g mittelalter Gouda
- Salz
- Pfeffer aus der Mühle
- Muskatnuss
- Zitronensaft
- Zucker
- 100 g Bauernschinken
- 2 Scheiben Bauernbrot
- 6 EL Butter
- 4 EL gehackte Petersilie

Zubereitung

Kohlrabis schälen, zartes Blattgrün waschen und beiseite legen. Von der obersten, zarten Seite der Kohlrabis (Stielansatz) jeweils eine 0,5 cm dicke Scheibe abschneiden, fein würfeln und beiseite legen. Kohlrabis klein schneiden und in der Brühe weich kochen. Anschließend das Gemüse in der Brühe pürieren und mit Schmand und geriebenem Gouda mischen.

Die Suppe erhitzen, bis der Käse geschmolzen ist, dabei öfter umrühren. Die Suppe aber nicht mehr kochen lassen. Mit Salz, Pfeffer, frisch geriebener Muskatnuss, etwas Zitronensaft und ein wenig Zucker pikant abschmecken. Die zurückgelegten Kohlrabiwürfel und das grob geschnittene Kohlrabigrün zur Suppe geben und noch einmal erhitzen.

Den Schinken in feinste Streifen schneiden. Das Brot entrinden und fein würfeln. In der heißen Butter knusprig braten. Den Schinken kurz mitrösten, Petersilie einrühren und über die heiße Suppe streuen.

Möhrensuppe mit Aprikosen

Zutaten

- 5 EL Mandelblättchen
- 2 Schalotten
- 2 EL Butter
- 500 g Möhren
- 1/4 l Möhrensaft
- 1/2 l Kalbsbrühe
- 1/2 TL frisch geriebener Ingwer
- 1 kleine Dose Aprikosen
- Salz
- Pfeffer aus der Mühle
- Muskatblüte
- Zitronensaft
- 1 Stiel Zitronenmelisse
- 100 g süße Sahne

Zubereitung

Mandelblättchen in einer Pfanne gold-gelb rösten und beiseite legen. Schalotten abziehen, fein würfeln und in der heißen Butter weich schmoren. Möhren schälen, klein schneiden und mit dem Möhrensaft und der Brühe zu den Schalotten geben, 5 Minuten kochen. Ingwer und abgegossene Aprikosen zu den Möhren geben und weitere 10 bis 15 Minuten kochen: Die Suppe pürieren und mit Salz, Pfeffer, etwas Muskatblüte und Zitronensaft pikant abschmecken. Melisseblätter in Streifen schneiden. Sahne steif schlagen und jeweils einen Klecks auf die Suppe setzen, mit Melisse und Mandeln bestreuen.

Tomatencremesuppe mit Wildreis

Zutaten

- 250 g Zwiebeln
- 2 Knoblauchzehen
- 2 EL Olivenöl
- 2 EL Tomatenmark
- 1 kg Tomaten
- 2 Stangen Sellerie
- 1/2 l Rauchfleischbrühe
- 1/4 l Tomatensaft
- 2 Lorbeerblätter
- 2 Stück Zitronenschale
- Salz
- Pfeffer aus der Mühle
- Zucker
- 75 g Wildreis
- 2 Stängel Basilikum

Zubereitung

Zwiebeln und Knoblauch abziehen und fein würfeln. In dem heißen Öl anschwitzen. Tomatenmark einrühren. Sellerie putzen und sehr fein schneiden. Stielansatz der Tomaten wegschneiden, Früchte grob würfeln. Sellerie und Tomaten mit Brühe und Tomatensaft, Lorbeer und Zitronenschale zu den Zwiebeln geben und 30 Minuten kochen. Lorbeer und Zitronenschale entfernen, Gemüse pürieren und die Suppe durch ein Sieb streichen. Mit Salz, Pfeffer und etwas Zucker pikant abschmecken. Den Reis in Salzwasser garen und mit Basilikumblättern an die Suppe geben.

Blumenkohl-Brokkoli-Suppe mit Kalbfleischbällchen

Zutaten
- 300 g Blumenkohl
- 350 g Brokkoli
- 1 l Kalbsbrühe
- 1 Döschen Safran
- Salz
- Pfeffer aus der Mühle
- Muskatblüte
- 200 g Kalbshackfleisch
- 1 Eigelb
- 2 EL geriebener Parmesan
- Paprikapulver
- 2 EL gehackte Petersilie

Zubereitung

Blumenkohl und Brokkoli putzen und in kleine Röschen teilen. Die Brühe zum Kochen bringen und den Blumenkohl darin 4 Minuten garen. Brokkoli hinzufügen und weitere 5 bis 6 Minuten kochen. Die Suppe mit Safran, Salz, Pfeffer und etwas Muskatblüte pikant abschmecken.

Das Hackfleisch mit Eigelb, Parmesan, etwas Paprikapulver, Petersilie, Salz und Pfeffer zu einem glatten Teig verarbeiten. Mit feuchten Händen kleine Klößchen formen und in der heißen Suppe einige Minuten gar ziehen lassen.

Spargelcremesuppe mit gebratenem Grünspargel

Zutaten
- 750 g weißer Spargel
- 3/4 l Wasser
- 2 EL Butter
- 1 TL Zucker
- 1 Zitronenscheibe
- 5 Stiele Petersilie
- Salz
- 200 g süße Sahne
- 2 Eigelb
- 200 g Grünspargel
- 1 EL Zucker
- 4 EL Butter
- 2 EL Orangensaft
- 4 EL Kerbelblättchen
- Muskatnuss

Zubereitung

Den Spargel schälen und klein schneiden. In dem Wasser mit Butter, Zucker, Zitronenscheibe, Petersilie und etwas Salz 30 Minuten kochen. Zitrone und Petersilie entfernen. Den Spargel in der Brühe pürieren und durch ein Sieb streichen. Die Hälfte der Sahne steif schlagen, die andere Hälfte mit den Eigelben glatt rühren. Grünspargel am unteren Ende schälen und schräg in dünne Scheiben schneiden. Zucker in einer Pfanne karamellisieren lassen, Spargel darin 2 Minuten braten, Butter und Saft einrühren und salzen. Suppe erhitzen und mit der Eiersahne binden. Geschlagene Sahne einrühren. Mit Spargel, Kerbel und Muskatnuss bestreuen.

Rote Bete-Suppe mit geräucherten Hühnerflügeln

Zutaten

- 6 geräucherte Hühnerflügel oder 1 geräucherte Hühnerbrust
- 1 l Hühnerbrühe
- 2 Lorbeerblätter
- 1 TL Pimentkörner
- 1 TL Pfefferkörner
- 5 Petersilienstiele
- 500 g gekochte Rote Bete
- Salz
- Pfeffer aus der Mühle
- 3 bis 4 EL Holunder- oder Rotweinessig
- Honig
- 1 Stück frische Meerrettichwurzel
- 2 Stängel Dill

Zubereitung

Die Hühnerflügel oder die Hühnerbrust häuten. Die Haut mit Brühe, Lorbeerblättern, Piment- und Pfefferkörnern sowie den Petersilienstielen sanft 45 Minuten kochen, dann durch ein Sieb gießen. Die Rote Bete grob würfeln, eine halbe Knolle zuerst in dünne Scheiben, dann in schmale Stifte schneiden und beiseite legen. Die gewürfelte Rote Bete in der Brühe 10 Minuten kochen, dann pürieren.

Die Suppe mit Salz, Pfeffer, Essig und Honig pikant abschmecken. Das Fleisch vom Knochen lösen und klein schneiden. Mit den Rote-Bete-Stiften in der Suppe erhitzen. Das Stück Meerrettich schälen und grob über die Suppe raspeln. Den Dill darüber zupfen.

Für diese Suppe können Sie auch eine Rauchfleischbrühe verwenden, falls kein geräuchertes Geflügel erhältlich ist.

Frische Rote Bete wird ungeschält 45 bis 55 Minuten weich gekocht, dann geschält und klein geschnitten weiterverarbeitet. In der Gemüseabteilung der Supermärkte finden Sie bereits gekochte Rote-Bete-Knollen vakuumverpackt.

Meerrettichwurzel wird fest in Alufolie gewickelt im Kühlschrank aufbewahrt oder uneingewickelt in Blumenerde gesteckt. So hält sich die vitaminreiche Wurzel einige Wochen frisch.

Pastinaken-Möhren-Suppe mit Kasseler

Zutaten

- 500 g Pastinaken
- 250 g Möhren
- 1 Bund Frühlingszwiebeln
- 2 EL Butter
- 3/4 l Rauchfleischbrühe
- 4 Stiele frisches Bohnenkraut
- 200 g Schmand
- Salz
- Pfeffer aus der Mühle
- Muskatnuss
- Zitronensaft
- Zucker
- 100 g Kasseler in dünnen Scheiben
- 4 EL Butter
- 4 EL Schnittlauchröllchen

Zubereitung

Pastinaken und Möhren mit einem Sparschäler schälen. Das Gemüse klein schneiden, Pastinaken sofort in Zitronen- oder Essigwasser legen, damit sich das Gemüse nicht verfärbt. Den hellen Teil der Frühlingszwiebeln sehr fein schneiden und in der heißen Butter anschwitzen. Die Brühe angießen, Gemüse und Bohnenkraut hinzufügen und 20 Minuten kochen. Bohnenkraut entfernen und das Gemüse in der Brühe pürieren. Den Schmand einrühren und die Suppe mit Salz, Pfeffer, etwas Muskatnuss, reichlich Zitronensaft und ein wenig Zucker pikant abschmecken.

Kasseler in schmale Streifen schneiden und in der Butter kurz braten. Mit Schnittlauch mischen und über die Suppe streuen.

Pastinake, die fast vergessene Rübe, war im Mittelalter sehr beliebt. Die Form erinnert an Möhren, die Farbe an weiße Rüben. Wählen Sie lieber kleinere als größere Exemplare, die innen häufig hohl sind. Pastinaken sind süßer als Möhren, weshalb ein ordentlicher Schuss Zitronensaft für die notwendige Würze sorgt.

Gurkensuppe mit Kaffirblättern

Zutaten

- 2 Schalotten
- 2 EL Butter
- 2 große Salatgurken
- 1/4 l Hühnerbrühe
- 4 Kaffir-(Zitronen-)blätter
- 250 g süße Sahne
- Salz
- Pfeffer aus der Mühle
- Zucker
- 200 g Hähnchenbrust
- 2 EL Butter
- Cayennepfeffer

Zubereitung

Schalotten abziehen, fein würfeln und in der heißen Butter weich schmoren. Die Gurken schälen, längs halbieren und die Kerne herausschaben. Gurken grob würfeln und mit der Brühe zu den Schalotten geben. 10 bis 15 Minuten mit den Kaffirblättern kochen. Kaffirblätter entfernen und die Gurken in der Brühe pürieren, mit Sahne aufgießen und mit Salz, Pfeffer und Zucker pikant abschmecken. Die Kaffirblätter nach Belieben wieder hinzufügen.

Die Hähnchenbrust in sehr schmale Streifchen schneiden und in der heißen Butter rundherum braten. Mit Salz und Cayennepfeffer würzen. Die Suppe noch einmal erhitzen, Kaffirblätter entfernen und die Hähnchenstreifen hinzufügen.

Kaffirblätter, auch Zitronen- und Limettenblätter genannt, finden Sie in asiatischen Lebensmittelgeschäften. Dort werden die aromatischen Blätter häufig tiefgefroren angeboten. Sie verleihen allen Speisen einen außerordentlich angenehmen und appetitanregenden Duft nach Zitronen.

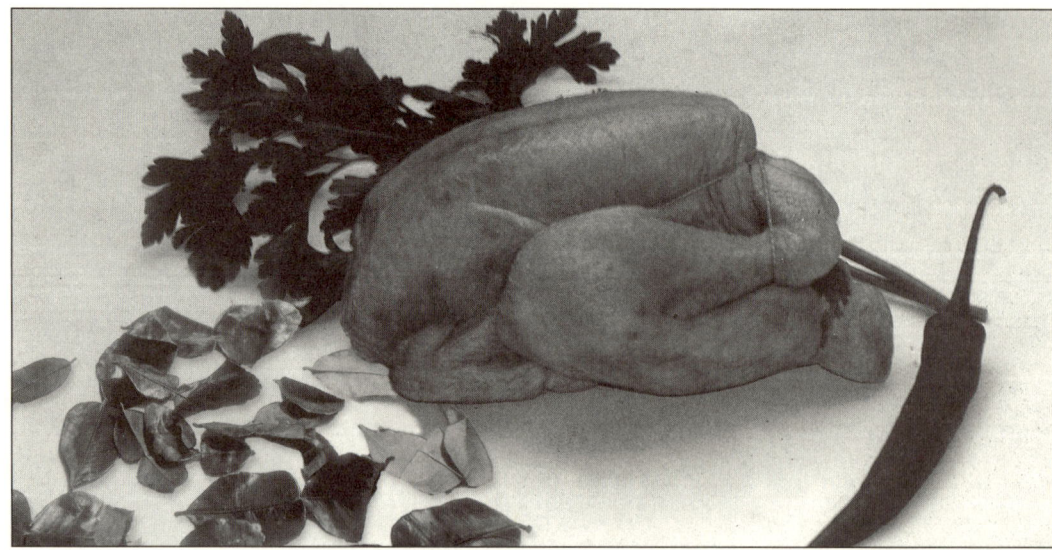

Frühlingszwiebelsuppe mit Radieschen und Kresse

Zutaten

- 2 Bund Frühlingszwiebeln
- 125 g Dörrfleisch
- 4 EL Butter
- 300 g mehlig kochende Kartoffeln
- 3/4 l Kalbsbrühe
- 200 g süße Sahne
- 1 Bund Radieschen mit frischem Grün
- Salz
- Pfeffer aus der Mühle
- 2 Beete Kresse

Zubereitung

Den hellen Teil der Frühlingszwiebeln sehr fein schneiden. Das Dörrfleisch ohne Schwarte ebenfalls sehr fein schneiden. Frühlingszwiebeln und Dörrfleisch in der heißen Butter anschwitzen. Die Kartoffeln schälen, würfeln und zu den Frühlingszwiebeln geben. Mit der heißen Brühe auffüllen und die Suppe 20 Minuten kochen lassen. Die Sahne einrühren.

Die Radieschen putzen und 2 bis 3 schöne Exemplare in feinste Streifchen hobeln, beiseite legen. Den Rest fein reiben. Schöne, zarte Radieschenblätter fein hacken. Radieschen und Blätter in der Suppe offen 5 Minuten kochen. Dann alles grob pürieren. Die Suppe mit Salz, Pfeffer und frisch geriebener Muskatnuss pikant abschmecken. Radieschenstreifen und Kresseblättchen in die Suppe einrühren.

Odenwälder Zwiebelsüppchen

Zutaten

- 1 kg Zwiebeln
- 1 Knoblauchzehe
- 2 EL Rapsöl
- 3/4 l Lammbrühe
- 1/8 l Rheingauer Riesling
- 2 Lorbeerblätter
- Salz
- Pfeffer aus der Mühle
- Zucker
- 2 Scheiben Odenwälder Bauernbrot
- 2 EL Butter
- 2 EL frische Thymianblättchen

Zubereitung

Zwiebeln und Knoblauch abziehen. Zwiebeln in dünne Ringe, Knoblauch in winzige Würfel schneiden. Beides in dem heißen Öl anschwitzen. Mit der heißen Brühe ablöschen und 10 Minuten kochen. Den Wein mit den Lorbeerblättern hinzufügen und weitere 10 Minuten kochen. Mit Salz, Pfeffer und Zucker pikant abschmecken.

Das Brot ohne Rinde fein würfeln und in der heißen Butter goldgelb rösten, mit Salz würzen und mit den Thymianblättchen über die fertige Suppe streuen.

Ochsenschwanzsuppe

Zutaten

- 2 EL Butter
- 1 EL Mehl
- 750 g Ochsenschwanz, zerteilt
- 4 EL Rapsöl
- 250 g Zwiebeln
- 2 EL Tomatenmark
- 3/4 l Wasser
- 1/2 l Assmannshäuser Rotwein
- 4 Lorbeerblätter
- 1 TL Pimentkörner
- 1 TL Pfefferkörner
- 1 Bund Suppengrün
- Salz
- Pfeffer aus der Mühle
- 1 Gläschen trockener Sherry

Zubereitung

Butter und Mehl miteinander verkneten und kühl stellen. Den Ochsenschwanz in heißem Öl rundherum sehr kräftig anbraten. Zwiebeln abziehen und würfeln. Mit dem Tomatenmark zum Ochsenschwanz geben und mitrösten. Wasser und Rotwein dazugießen und mit den Lorbeerblättern, Piment und Pfefferkörnern 2 Stunden kochen.

Das Suppengrün putzen und würfeln. Zum Ochsenschwanz geben und eine weitere Stunde kochen.

Die Brühe abgießen. Die Mehlbutter in Stückchen in die kochende Suppe einrühren und binden. Mit Salz, Pfeffer und Sherry pikant abschmecken. Das Fleisch nach Belieben von den Knochen lösen und zur Suppe geben.

Gulaschsuppe mit Rinderfilet

Zutaten

- 400 g Rinderfilet
- 2 EL Rapsöl
- 250 g Schalotten
- 1 Knoblauchzehe
- 2 EL Tomatenmark
- 1 TL Zucker
- 2 Lorbeerblätter
- 3/4 l Rindfleischbrühe
- 250 g süße Sahne
- Salz
- Pfeffer aus der Mühle
- Cayennepfeffer
- geriebene Orangenschale
- 1 EL Cognac

Zubereitung

Das Rinderfilet in kleine Würfelchen schneiden und im heißen Öl rundherum kräftig anbraten. Schalotten und Knoblauch abziehen, fein würfeln und mit dem Tomatenmark und dem Zucker zum Fleisch geben und mitrösten. Lorbeerblätter und Rindfleischbrühe hinzufügen und 15 Minuten kochen. Die Sahne nicht ganz steif schlagen und hinzufügen. Die Suppe mit Salz, Pfeffer, Cayennepfeffer, Orangenschale und Cognac pikant abschmecken.

Hühnerkraftbrühe mit Mousselinklößchen

Zutaten

- 1/2 Suppenhuhn
- 1,5 l Wasser
- 2 Lorbeerblätter
- 1 TL Pfefferkörner
- 1 Zwiebel
- 1 Bund Suppengrün
- 2 Stiele Thymian
- 5 Petersilienstängel
- Salz
- 600 g Hühnerbrustfilet
- 3 Eiweiß
- Pfeffer aus der Mühle
- 1 kleines Eiweiß
- 60 bis 75 ml kalte süße Sahne
- Curry
- 2 EL Kerbelblättchen
- 2 EL Schnittlauchröllchen

Zubereitung

Das Suppenhuhn mit dem Wasser, den Lorbeerblättern und Pfefferkörnern sanft 2 Stunden kochen. Die Zwiebel abziehen und klein schneiden, ebenso das Suppengrün. Zwiebeln, Suppengrün, Thymian, Petersilienstängel und 1 EL Salz hinzufügen und 15 Minuten mitgaren.

500 g Hühnerbrustfilet durch die grobe Scheibe des Fleischwolfs drehen und mit dem Eiweiß mischen. In die heiße Brühe einrühren und sanft 45 Minuten weiter kochen. Die Brühe durch ein Küchentuch gießen und auf 1 l einkochen. Mit Salz und Pfeffer abschmecken.

Für die Klößchen die restlichen 100 g gekühlte Hühnerbrust mit dem Eiweiß und der kalten Sahne mit dem Pürierstab zu einer homogenen Masse verarbeiten. Mit Salz, Pfeffer und etwas Curry würzen. Mit zwei Teelöffeln kleine Klößchen abstechen und in der siedenden Suppe gut 1 Minute ziehen lassen. Mit Kerbel und Schnittlauch bestreuen.

Für (Kräuter-) Pfannkuchen als Einlage verrühren Sie 1 Ei mit 2 EL Mehl und 100 ml Milch zu einem halbflüssigen Teig. Mit etwas Salz, 1 EL flüssiger Butter und 2 EL gehackten Kräutern mischen. In einer Pfanne mit heißem Butterschmalz 1 oder 2 dünne Pfannkuchen backen, aufrollen und später in schmale Streifen schneiden.

Hühnersuppe mit Kokosmilch

Zutaten

- 750 g Hühnerklein oder Hühnerflügel
- 1 l Wasser
- 4 Lorbeerblätter
- 1 Gewürznelke
- 1 Knoblauchzehe
- 1 rote Chilischote
- 3 Frühlingszwiebeln
- 1 kleiner Apfel
- 1 Banane
- 3 Tomaten
- 4 EL Butter
- 1 Döschen Safran
- 1 EL Curry
- 1 TL Honig
- 1/2 TL Kreuzkümmelpulver
- 400 ml Kokosmilch (Dose)
- Salz
- Pfeffer aus der Mühle
- Cayennepfeffer
- Zitronensaft
- 4 EL gehackte Petersilie oder Koriandergrün

Zubereitung

Das Hühnerklein oder die Hühnerflügel in dem Wasser mit den Lorbeerblättern, der Nelke, der abgezogenen Knoblauchzehe und der aufgeschnittenen Chilischote sanft 2 Stunden kochen. Abkühlen lassen und durch ein Sieb gießen.

Den hellen Teil der Frühlingszwiebeln klein schneiden. Den Apfel schälen, entkernen und würfeln. Die Banane schälen und mit einer Gabel zerdrücken. Die Tomaten ohne Stielansatz würfeln. Alles in der heißen Butter zum Kochen bringen, mit dem Mixstab pürieren und durch ein Sieb streichen. Safran, Curry und Kreuzkümmel einrühren und mit der Suppe mischen.

Die Suppe wieder zum Kochen bringen und die Kokosmilch dazugeben. Mit Salz, Pfeffer, Cayennepfeffer und Zitronensaft pikant abschmecken. Die Suppe vor dem Anrichten mit den Kräutern bestreuen.

Fasanenbrühe mit Pilzklößchen

Zutaten

- 1 Zwiebel
- 1 Knoblauchzehe
- 1 Bund Suppengrün
- 2 EL Butterschmalz
- 10 Wacholderbeeren
- 1 TL Pfefferkörner
- 4 Stiele Thymian
- 1 Stängel Rosmarin
- 2 Lorbeerblätter
- 2 EL Tomatenmark
- 1,2 l Wasser oder 1 l Wildgeflügelbrühe
- 1 Fasan
- Salz
- Pfeffer aus der Mühle
- 1 Schalotte
- 100 g Pfifferlinge
- 1 EL Butter
- 2 EL gehackte Petersilie
- 75 g weiche Butter
- 1 Ei
- 80 g Hartweizengrieß
- Muskatnuss
- 4 Stiele Dill

Zubereitung

Zwiebel und Knoblauch abziehen. Suppengrün putzen. Alles klein schneiden und in heißem Butterschmalz anschwitzen. Zerdrückte Wacholderbeeren, Pfefferkörner, Thymian, Rosmarin, Lorbeerblätter und Tomatenmark hinzufügen und kurz mitrösten. Das Wasser angießen und zum Kochen bringen.

Die Fasanenbrüste vom Knochen lösen und kühl stellen. Den Rest in 4 Teile schneiden und in der Brühe 2 Stunden sanft kochen. Die Brühe durch ein Sieb in einen anderen Topf gießen, mit Salz und Pfeffer pikant abschmecken. Die Fasanenbrüste mit oder ohne Haut in der siedenden Brühe 5 bis 8 Minuten garen und herausnehmen.

Für die Klößchen die Schalotte abziehen und fein würfeln. Die Pilze putzen und sehr fein schneiden. In der heißen Butter 3 Minuten garen, bis alle Flüssigkeit verdampft ist. Mit Petersilie, Salz und Pfeffer würzen. Die weiche Butter mit Ei und Grieß glatt rühren. Mit den Pilzen, Salz und frisch geriebener Muskatnuss vermengen. Die Masse 1 Stunde kühl stellen.

Mit 2 Teelöffeln kleine Klößchen abstechen und in siedendem Salzwasser 8 bis 10 Minuten garen. Die Fasanenbrust in schmale Streifen schneiden, mit den Klößchen in tiefen Tellern anrichten und mit der heißen Brühe auffüllen. Zum Schluss mit etwas Dill bestreuen.

Maronensuppe mit Entenbrust

Zutaten

- 300 g Maronen
- 2 Zwiebeln
- 1 Knoblauchzehe
- 1 EL Rapsöl
- 1 l Wildgeflügelbrühe
- 4 Lorbeerblätter
- 1 Stiel Rosmarin
- 1 Döschen Safran
- 1 Stück Zitronenschale
- 100 g süße Sahne
- Salz
- Pfeffer aus der Mühle
- 1 Bio-Orange
- 1 Entenbrust
- 2 EL Butterschmalz
- 2 EL frischer Oregano

Zubereitung

Die Maronen am spitzen Ende kreuzweise einschneiden und im 220 Grad heißen Backofen so lange erhitzen, bis die Schalen aufplatzen. Die leicht abgekühlten Maronen schälen und dabei auch die dunkelbraune Haut vollständig entfernen. Zwiebeln und Knoblauch abziehen und klein schneiden. In dem heißen Rapsöl anschwitzen.

Brühe und Maronen mit Lorbeerblättern, Rosmarin, Safran und Zitronenschale zu den Zwiebeln geben und sanft 30 Minuten köcheln lassen. Lorbeer, Rosmarin und Zitronenschale aus der Brühe nehmen und die Maronen pürieren. Sahne hinzugießen und mit Salz und Pfeffer würzen.

Die Orange heiß waschen, trockenreiben und etwas Schale in die Suppe reiben. Die Frucht auspressen und den Saft ebenfalls zur Suppe geben.

Die Haut von der Entenbrust lösen und in Streifen schneiden. In einer Pfanne langsam knusprig braten. Die Entenbrust im heißen Butterschmalz auf jeder Seite 6 bis 8 Minuten garen, kurz ruhen lassen und schräg in dünne Scheiben schneiden. Entenfleisch, Knusperhaut und Oregano zur Suppe geben.

Als wir Europäer die Kartoffel noch nicht kannten, kamen dort, wo die riesigen Bäume gediehen, beispielsweise am Rhein, Esskastanien auf den Tisch.

Käsesuppe mit Knoblauchcroûtons

Zutaten

- 100 g Dörrfleisch
- 200 g Zwiebeln
- 4 EL Butter
- 1/8 l Apfelwein
- 600 ml Brühe mit Fleischknochen vom Schwein
- 200 g süße Sahne
- 400 g geriebener Edamer
- Salz
- Pfeffer aus der Mühle
- Muskatnuss
- 3 Scheiben Toastbrot
- 2 Knoblauchzehen
- 2 EL Butter
- 2 Schalotten
- 3 EL Butter
- 2 EL frischer Majoran

Zubereitung

Dörrfleisch sehr fein würfeln. Zwiebeln abziehen und klein schneiden. Beides in der heißen Butter weich schmoren. Mit Wein ablöschen und etwas einkochen lassen. Dann durch ein Sieb in einen anderen Topf gießen. Mit Brühe und Sahne erhitzen. Den Käse in die heiße, nicht kochende Suppe einrühren. Sobald der Käse geschmolzen ist, die Suppe mit Salz, Pfeffer und Muskatnuss abschmecken.

Brot entrinden und würfeln, Knoblauch sehr fein hacken. Brot und Knoblauch in der heißen Butter knusprig braten. Schalotten abziehen und in feine Ringe schneiden. In der heißen Butter goldbraun rösten. Brotwürfel und Schalotten mit dem Majoran mischen und über die Suppe streuen.

Rahmsuppe mit Grüner Soße

Zutaten

- 1 Bund Frühlingszwiebeln
- 1 Apfel
- 4 EL Butter
- 1 EL Mehl
- 1/2 l Kalbsbrühe
- 350 g Schmand
- 1 EL scharfer Senf
- Salz
- Pfeffer aus der Mühle
- Honig
- 1 Packung Grüne Soße
- 2 hart gekochte Eier

Zubereitung

Frühlingszwiebeln und geschälten Apfel fein würfeln. In heißer Butter anschwitzen und das Mehl einrühren. Brühe dazugeben und 5 Minuten kochen lassen. Schmand, Senf, Salz, Pfeffer und etwas Honig dazugeben. Grüne Soße und Eier mittelgrob hacken. Kräuter in die warme Suppe einrühren. Mit dem Ei bestreuen.

Erbsen-Brunnenkresse-Suppe

Zutaten

- 1 Bund Frühlingszwiebeln
- 4 EL Butter
- 1 l Hühnerbrühe
- 300 g tiefgefrorene Erbsen
- 200 g Zuckerschoten
- Salz
- Zucker
- Pfeffer aus der Mühle
- Muskatnuss
- 200 g Schinkenspeck
- 1 TL Butter
- 1 Bund Brunnenkresse

Zubereitung

Den hellen Teil der Frühlingszwiebeln fein schneiden und in der heißen Butter weich schmoren. Mit der Brühe ablöschen. Gefrorene Erbsen und geputzte und quer halbierte Zuckerschoten in der Brühe garen. Etwa ein Drittel der Erbsen und Zuckerschoten mit einer Schaumkelle herausnehmen. Das restliche Gemüse in der Brühe pürieren. Die Suppe mit Salz, Zucker, Pfeffer und frisch geriebener Muskatnuss pikant abschmecken.

Schinkenspeck in feine Streifchen schneiden und in der Butter leicht rösten. Die Brunnenkresseblätter in die Suppe geben und kurz mit dem Mixstab pürieren. Die zurückgelegten Erbsen und Zuckerschoten sowie die Speckstreifen wieder in die Suppe geben und noch einmal aufkochen.

Möhrensuppe mit Zuckerschoten

Zutaten

- 1 Bund Frühlingszwiebeln
- 2 EL Butter
- 500 g Möhren
- 1/2 l Hühnerbrühe
- 5 EL Apfelwein
- Salz
- Pfeffer aus der Mühle
- Muskatnuss
- Zitronensaft
- 100 g Zuckerschoten
- 2 EL Butter
- 5 EL Kerbelblättchen

Zubereitung

Den hellen Teil der Frühlingszwiebeln klein schneiden. In der heißen Butter anschwitzen. Möhren schälen und grob würfeln. Zu den Zwiebeln geben, mit der Brühe und dem Wein auffüllen. Die Suppe 20 Minuten sanft kochen. Anschließend pürieren und mit Salz, Pfeffer, frisch geriebener Muskatnuss und ein wenig Zitronensaft pikant abschmecken.

Die Zuckerschoten putzen und längs zwei Mal durchschneiden. In der heißen Butter sanft bissfest garen und mit den Kerbelblättchen in die heiße Suppe streuen.

Geeiste Kalbssuppe mit Grünspargel

Zutaten

- 750 g Kalbshaxe
- 1 TL Rapsöl
- 1 Bund Suppengrün
- 500 g Grünspargel
- 1,2 l Kalbsbrühe
- 2 Lorbeerblätter
- 1 TL Pfefferkörner
- 4 Petersilienstängel
- 1 Döschen Safran
- 3 Eiweiß
- 1 Stück Zitronenschale
- Salz
- Pfeffer aus der Mühle
- Muskatnuss
- 2 Tomaten
- 2 Stiele Basilikum

Zubereitung

Von der Haxe etwa 250 g schieres Fleisch abschneiden und kühl stellen. Den Rest der Haxe in heißem Öl rundherum leicht anrösten. Suppengrün putzen und klein schneiden. Spargel am unteren Ende schälen. Etwa 3 cm lange Köpfe abschneiden und beiseite legen. Die restlichen Stangen klein schneiden. Brühe zur Haxe geben und sanft 2 Stunden kochen. Suppengrün, Spargelabschnitte, Lorbeerblätter, Pfefferkörner, Petersilienstängel und Safran zur Brühe geben und 15 Minuten kochen.

Das schiere Kalbfleisch fein hacken oder durch den Fleischwolf drehen. Mit Eiweiß und Zitronenschale mischen. Die Brühe kräftig mit Salz, Pfeffer und frisch geriebener Muskatnuss würzen. Fleisch-Eiweiß-Masse einrühren, kurz umrühren und sanft 45 Minuten sieden lassen. Etwas Brühe abnehmen und die Spargelköpfe darin 8 Minuten garen. Tomaten häuten, entkernen und in Streifen schneiden.

Die Brühe durch ein Küchentuch gießen. Noch einmal mit Salz und Pfeffer kräftig abschmecken. Spargelköpfe und Tomatenstreifen einrühren und im Kühlschrank gelieren lassen. Vor dem Servieren kurz durchrühren, eventuell nachwürzen und Basilikumblätter darüber zupfen. In gut gekühlten tiefen Tellern anrichten.

Hochzeitssuppe

Zutaten

- 2 Schalotten
- 2 EL Butter
- 250 g Hühnerflügel
- 1,4 l Wasser
- 200 g Dörrfleisch
- 250 g Beinscheibe vom Rind
- 2 Stangen Sellerie
- 1/2 Fenchelknolle
- 2 Möhren
- 1 dicke Stange Lauch
- 100 g Champignons
- 2 Stiele Thymian
- 2 Lorbeerblätter
- 200 g Tatar
- 3 Eiweiß
- Salz
- Pfeffer aus der Mühle
- 50 g weiche Butter
- 1 Ei
- 60 g Hartweizengrieß
- Muskatnuss
- 1 Ei
- 50 ml Milch
- 1 TL Tomatenketschup
- 1 EL feinste Schnittlauchröllchen
- 1 lange Thüringer Bratwurst
- 2 EL Kerbelblättchen

Zubereitung

Schalotten abziehen und fein würfeln. In der heißen Butter anschwitzen. Hühnerflügel hinzufügen und goldgelb anbraten. Wasser, Dörrfleisch und Beinscheibe hinzufügen und sanft 1,5 Stunden kochen. Sellerie, Fenchel, geschälte Möhren, Lauch und Champignons grob würfeln. Nach 1,5 Stunden das Gemüse mit Thymian und Lorbeer in die Brühe geben und 15 Minuten kochen.

Das gut gekühlte Tatar mit dem Eiweiß mischen. In die heiße Brühe geben, umrühren und sanft 45 Minuten sieden lassen.

Die Brühe durch ein Küchentuch in einen anderen Topf gießen und mit Salz und Pfeffer pikant abschmecken.

Für die Grießnocken Butter und Ei schaumig rühren, Grieß einrühren, mit Salz, Pfeffer und Muskatnuss würzen, dann 30 Minuten kühl stellen. Mit einem Teelöffel kleine Nocken abstechen und in siedendem Salzwasser 8 bis 10 Minuten garen. Für den Eierstich Ei und Milch mit Tomatenketschup, Salz und Schnittlauch mischen. In einer eingefetteten kleinen Form im Wasserbad 8 bis 12 Minuten stocken lassen, dann klein schneiden. Aus der Bratwurst kleine Bällchen herausdrücken und in der heißen Brühe garen. Die Grießnocken und den Eierstich hinzufügen und die Suppe mit ein paar Kerbelblättchen bestreuen.

Mitternachtssuppe

Zutaten

- 4 Hasenvorderläufe
- 200 g Zwiebeln
- 2 Knoblauchzehen
- 1 Bund Suppengrün
- 10 Wacholderbeeren
- 4 EL Rapsöl
- 1 TL Pfefferkörner
- 1 TL Pimentkörner
- 1/2 Zimstange
- 2 Lorbeerblätter
- 1 Flasche Assmannshäuser Spätburgunder
- 1/2 l Wasser
- 250 g Hasenrückenfilets
- Salz
- Pfeffer aus der Mühle
- 4 EL Butterschmalz
- 2 Stiele Thymian
- 1 Stängel Rosmarin
- 1/8 l Holunderbeersaft (Reformhaus oder Apotheke)
- 100 g Kräuterseitlinge oder Champignons
- 2 EL Butter
- 200 g Schmand

Zubereitung

Hasenvorderläufe waschen und trockenreiben. Zwiebeln und Knoblauch abziehen und würfeln. Suppengrün putzen und klein schneiden. Wacholderbeeren zerdrücken. Das Rapsöl erhitzen und die Vorderläufe darin rundherum leicht anbraten. Zwiebeln, Knoblauch, Suppengrün, Wacholderbeeren, Pfeffer- und Pimentkörner, Zimstange, Lorbeerblätter, Rotwein und Wasser dazugeben und sanft 2 Stunden kochen.

Hasenrückenfilets putzen und in kleine Würfel schneiden. Mit Salz und Pfeffer bestreuen und in heißem Butterschmalz rundherum braten. Thymianblätter und Rosmarinnadeln von den Stielen zupfen, hacken und mit den Fleischwürfeln mischen. Mit Holunderbeersaft ablöschen und um etwa die Hälfte einkochen. Pilze putzen und in feine Scheiben schneiden. In heißer Butter rasch anbraten, Schmand einrühren. Die Pilze salzen und pfeffern, mit den Fleischwürfeln mischen. Die Brühe durch ein Sieb gießen und auf 800 ml einkochen. Pilzfleisch-Mischung einrühren und noch einmal mit Salz und Pfeffer abschmecken.

Kapitel 2

Ihre Gäste werden sich freuen: Edle Suppen zum Sattwerden

Blumenkohlsuppe mit Erbsen und Putenstreifen

Zutaten

- 300 g fest kochende Kartoffeln
- Salz
- 1 Tasse tiefgefrorene Erbsen
- 150 g Zuckerschoten
- 1 kleiner Blumenkohl
- 3/4 l Hühnerbrühe
- 1 Döschen Safran
- 2 Lorbeerblätter
- 6 Petersilienstiele
- Pfeffer aus der Mühle
- Muskatnuss
- 4 Tomaten
- 200 g Putenschnitzel
- 2 EL Butter
- 1/2 TL Curry
- 4 EL Schnittlauchröllchen

Zubereitung

Die Kartoffeln schälen und in gut 1 cm große Würfel schneiden. In Salzwasser garen. Die Kartoffelwürfel aus dem Kochwasser nehmen. Erbsen und geputzte, quer halbierte Zuckerschoten in dem Kochwasser garen und zu den Karoffelwürfeln geben. Das Kochwasser auf etwa 200 ml einkochen.

Den Blumenkohl putzen und in kleine Röschen teilen. Brühe und reduziertes Kochwasser erhitzen und die Blumenkohlröschen darin mit Safran, Lorbeerblättern und Petersilienstielen bissfest garen. Lorbeerblätter und Petersilienstiele entfernen. Kartoffeln und Erbsen hinzufügen und die Suppe mit Salz, Pfeffer und frisch geriebener Muskatnuss pikant abschmecken.

Die Tomaten kurz in kochendes Wasser tauchen, häuten und Stielansätze wegschneiden. Die Früchte entkernen und in schmale Streifen schneiden. Zur Suppe geben.

Putenschnitzel in schmale Streifen schneiden und in der heißen Butter goldgelb braten. Mit Salz, Pfeffer und etwas Curry würzen. Die Putenstreifen auf tiefe Teller verteilen, die Suppe darüber gießen und mit Schnittlauchröllchen bestreuen.

Grüne-Bohnen-Suppe mit Pfifferlingen

Zutaten

- 200 g Dörrfleisch
- 2 Hähnchenkeulen
- 1,2 l Wasser
- 1 TL getrocknetes Bohnenkraut
- Salz
- 400 g grüne Bohnen
- 1 Bund Suppengrün
- 400 g fest kochende Kartoffeln
- Pfeffer aus der Mühle
- Worcestershiresoße
- 2 Zwiebeln
- 1 Knoblauchzehe
- 250 g kleine Pfifferlinge
- 4 EL Butter
- 4 Tomaten
- 2 EL frisches Bohnenkraut
- 4 EL Schmand

Zubereitung

Das Dörrfleisch und die Hähnchenkeulen in dem Wasser mit dem Bohnenkraut 45 Minuten kochen. Dörrfleisch und Hähnchenkeulen herausnehmen. Die Brühe mit Salz würzen. Bohnen putzen und in mundgerechte Stücke schneiden. In der Brühe etwa 5 Minuten garen. Suppengrün putzen, Kartoffeln schälen, beides fein würfeln und zu den Bohnen geben. Das Gemüse in 10 bis 12 Minuten bissfest garen. Die Suppe mit Salz und Pfeffer und Worcestershiresoße abschmecken.

Das Dörrfleisch klein schneiden. Die Keulen häuten, das Fleisch vom Knochen lösen und ebenfalls klein schneiden. Dörrfleisch und Hühnerfleisch zur Suppe geben.

Zwiebeln und Knoblauch abziehen und fein würfeln. Pilze putzen, größere Exemplare klein schneiden. Zwiebeln, Knoblauch und Pilze in der heißen Butter knapp 2 Minuten schmoren. Die Tomaten kurz in kochendes Wasser tauchen, häuten, Stielansätze und Kerne entfernen. Die Tomaten grob würfeln und zu den Pilzen geben. Die Pilzmasse in die Suppe einrühren. Das gehackte Bohnenkraut mit Schmand, Salz und Pfeffer verrühren und getrennt zur Suppe reichen.

Linsensuppe mit geräucherter Entenbrust

Zutaten

- 200 g Puy-Linsen
- 2 geräucherte Entenbrüste
- 1 große Zwiebel
- 2 Möhren
- 2 Stangen Lauch
- 2 Stangen Sellerie
- 1 TL Öl
- 2 Lorbeerblätter
- 2 Stiele Thymian
- 1 l Hühnerbrühe
- 1 Bio-Orange
- Salz
- Pfeffer aus der Mühle
- Apfelessig
- 4 EL Schnittlauchröllchen

Zubereitung

Linsen unter kaltem Wasser abspülen und einige Stunden einweichen. Die Haut von der Entenbrust lösen. Das Fleisch würfeln und beiseite legen. Die Entenhaut in schmale Streifen schneiden. Zwiebel abziehen, Möhren schälen, Lauch und Sellerie putzen. Das Gemüse sehr fein schneiden.

Entenhaut in einer heißen Pfanne langsam knusprig braten und auf Küchenpapier entfetten. Zwiebeln und Gemüse in dem heißen Öl kurz rösten. Lorbeerblätter, Thymian, Brühe und abgegossene Linsen dazugeben. So lange kochen, bis die Linsen weich sind.

Die Orange heiß waschen und trockenreiben. Die Schale abraspeln und zu den Linsen geben. Die Frucht filetieren, Rückstände ausdrücken und den Saft mit den Orangenfilets und dem Entenfleisch zur Suppe geben. Mit Salz, Pfeffer und Apfelessig pikant abschmecken. Die Suppe mit Schnittlauchröllchen und knuspriger Entenhaut bestreuen.

Linsen gehören zu unseren ältesten Kulturpflanzen und müssen nicht mehr eingeweicht werden, das Baden in kaltem Wasser verkürzt jedoch die Garzeit. Neben den feinen Puy-Linsen gibt es die großen Tellerlinsen sowie die besonders feinen Champagnerlinsen. Rote Linsen zerfallen schnell und werden nicht eingeweicht.

Schwarze-Bohnen-Suppe mit Kürbis

Zutaten

- 200 g schwarze Bohnen
- 1 Poularde, 1,2 kg
- 1,4 l Wasser
- Salz
- 1 TL getrocknetes Bohnenkraut
- 150 g Dörrfleisch
- 1 walnussgroßes Stück Ingwer
- 2 Lorbeerblätter
- 2 Knoblauchzehen
- 1 Bund Frühlingszwiebeln
- 1 rote Paprikaschote
- 1 kleiner Hokkaidokürbis
- 2 EL Butter
- Pfeffer aus der Mühle
- Muskatnuss
- 4 EL Schmand
- 4 EL gehackte Petersilie

Zubereitung

Die schwarzen Bohnen unter kaltem Wasser abspülen, dann über Nacht in reichlich kaltem Wasser einweichen. Am folgenden Tag die Poularde mit Wasser, Salz, Bohnenkraut, Dörrfleisch, geschältem Ingwer, Lorbeerblättern und geschälten Knoblauchzehen etwa 1 Stunde kochen, bis das Huhn weich ist. Ingwer, Lorbeer, Knoblauch, Huhn und Dörrfleisch herausnehmen. Die Bohnen abgießen und in der Brühe ebenfalls weich kochen. Das Dörrfleisch ohne Schwarte klein schneiden. Das Hühnerfleisch von den Knochen lösen und ohne Haut würfeln.

Den hellen Teil der Frühlingszwiebeln klein schneiden, dunkles Grün in dünne Ringe schneiden und beiseite legen. Die Paprikaschote mit einem Sparschäler schälen und in streichholzgroße Stifte schneiden. Den Kürbis schälen, halbieren, Kerne und Fasern entfernen. Das Kürbisfleisch in mundgerechte Stücke schneiden. Zwiebeln, Paprika und Kürbis in der heißen Butter kurz anschwitzen und in etwas Brühe garen.

Fleisch, Dörrfleisch und Zwiebel-Kürbis-Mischung zu den Bohnen geben. Bei Bedarf noch etwas Wasser oder Fleischbrühe angießen.

Die Suppe mit zurückgelegtem Zwiebelgrün, Salz, Pfeffer und frisch geriebener Muskatnuss abschmecken. Mit einem Klecks Schmand und etwas Petersilie garnieren.

Rote Zwiebelsuppe mit Leberklößchen

Zutaten

- 1,2 kg rote Zwiebeln
- 2 Knoblauchzehen
- 4 EL Zucker
- 6 EL Apfelessig
- 1 l Rindsbrühe
- 1 rote Chilischote
- 2 Lorbeerblätter
- 200 g Schmand
- Salz
- Pfeffer aus der Mühle
- 75 – 100 g Toastbrot ohne Rinde
- 1 EL Sahne
- 1 Ei
- 125 g Hähnchen- oder Putenleber
- etwas Mehl
- etwas Majoran
- 1 Bund Schnittlauch
- 1 Bund glatte Petersilie
- edelsüßes Paprikapulver

Zubereitung

Zwiebeln und Knoblauch abziehen, Zwiebeln in feine Streifen, Knoblauch in kleine Würfel schneiden. Zucker zu einem hellen Karamell schmelzen. Zwiebeln und Knoblauch hinzufügen und kurz anschwitzen. Mit Apfelessig und Brühe ablöschen. Die Chilischote längs aufschneiden und mit den Lorbeerblättern zur Suppe geben. Die Suppe 15 bis 20 Minuten kochen. Den Schmand einrühren und die Suppe mit Salz und Pfeffer abschmecken.

Für die Klößchen das Brot fein zerbröseln. Mit der Sahne und dem Ei glatt rühren. Die Leber sehr fein hacken oder durch den Fleischwolf drehen. Zum Brot geben und alles gut vermengen. Bei Bedarf noch etwas Mehl hinzufügen. Die Masse mit Salz, Pfeffer und ein wenig getrocknetem Majoran würzen.

Schnittlauch in feine Röllchen schneiden. Petersilienblätter von den Stielen zupfen und fein hacken. Feste Gewürze aus der Suppe nehmen. Mit einem Esslöffel kleine Klößchen von der Lebermasse abstechen und in siedendem Wasser einige Minuten gar ziehen lassen. Leberklößchen und Kräuter in die Suppe geben und mit etwas Paprikapulver bestreuen.

Kalbfleischsuppe mit Parmesanklößchen

Zutaten

- 1 kg Kalbsbrust
- 1 EL Rapsöl
- 1,3 l Wasser
- 1 Bund Suppengrün
- 2 Stangen Sellerie
- 2 Lorbeerblätter
- 1 TL Pfefferkörner
- 250 g Kalbshackfleisch
- 3 Eiweiß
- Salz
- Pfeffer aus der Mühle
- 4 Tomaten
- 200 g tiefgefrorene Erbsen
- 150 ml Milch
- 30 g Butter
- 75 g Mehl
- Muskatnuss
- 2 bis 3 Eier
- 40 g geriebener Parmesan
- 2 Stiele Estragon
- 2 EL gehackte Petersilie

Zubereitung

Kalbsbrust in dem heißen Öl rundherum leicht anbraten. Wasser hinzufügen und 1 Stunde kochen. Suppengrün und Sellerie putzen und klein schneiden. Mit Lorbeerblättern und Pfefferkörnern zur Kalbsbrust geben und so lange sanft kochen lassen, bis das Fleisch weich ist. Das Fleisch herausnehmen und in kleine Würfel schneiden.

Das Hackfleisch mit dem Eiweiß verrühren. Die Brühe mit Salz und Pfeffer abschmecken. Das Hackfleisch einrühren, umrühren und 45 Minuten sieden lassen. Die Brühe durch ein Küchentuch oder ein feines Sieb gießen und noch einmal mit Salz und Pfeffer abschmecken.

Die Tomaten kurz in kochendes Wasser tauchen, Stielansatz, Haut und Kerne entfernen. Das Tomatenfleisch würfeln. Die Erbsen in wenig Salzwasser 5 Minuten garen und abgießen.

Für die Klößchen die Milch mit Butter, Salz, Pfeffer und frisch geriebener Muskatnuss aufkochen. So lange erhitzen, bis sich auf dem Topfboden ein heller Belag gebildet hat. Die Masse in eine Schüssel geben und ein Ei nach dem anderen einrühren. Zum Schluss den Parmesan dazugeben. Mit einem Teelöffel kleine Klößchen abstechen und in siedendem Salzwasser einige Minuten garen. Fleischwürfel, Tomaten, Erbsen und Klößchen zur Suppe geben und mit Petersilie und Estragon bestreuen.

Festtagssuppe

Zutaten

- 25 g getrocknete Morcheln
- 1/4 l Wasser
- 250 g Kaninchenrückenfilet
- 200 g zarter Blattspinat
- 500 g grüner Spargel
- 2 Möhren
- 1 Bund Frühlingszwiebeln
- 1 l Hühnerbrühe
- 1 Döschen Safran
- 1 Stück Zitronenschale
- Salz
- Pfeffer aus der Mühle
- 1 Baguettebrötchen
- 40 g Butter
- 125 g mittelalter Gouda

Zubereitung

Die Morcheln in dem Wasser 1 Stunde einweichen. Das Kaninchenfilet in kleine Würfel schneiden und kühl stellen. Spinat putzen und waschen. Spargel und Möhren schälen und schräg in mundgerechte Stücke schneiden. Von den Frühlingszwiebeln den hellen Teil grob würfeln, das dunkle Grün in schmale Ringe schneiden und beiseite legen.

Die Brühe mit Safran zum Kochen bringen. Abgetropfte Morcheln, Frühlingszwiebeln, Zitronenschale und Möhren hinzufügen und 10 Minuten garen. Spargel zur Suppe geben und weitere 5 Minuten kochen. Spinatblätter und Fleischwürfel in die Suppe geben und noch einmal aufkochen lassen. Mit Salz und Pfeffer abschmecken und zugedeckt beiseite stellen.

Das Brötchen schräg in Scheiben schneiden und mit der Butter bestreichen. Den Käse reiben und über die Brotscheiben streuen. Im heißen Backofen kurz überbacken und mit zurückgelegtem Zwiebelgrün bestreuen. Die Suppe noch einmal erhitzen und die Brote dazu reichen.

Spitzkohlsuppe mit Kalbstafelspitz und Apfelwein

Zutaten

- 500 g Kalbstafelspitz
- 200 g Dörrfleisch
- 3/4 l Wasser
- 350 ml Apfelwein
- 1 Bund Suppengrün
- 2 Lorbeerblätter
- 1 TL Pfefferkörner
- 1 TL Pimentkörner
- 750 g Spitzkohl
- 2 Möhren
- 1 rote Paprikaschote
- Salz
- Pfeffer aus der Mühle
- Muskatnuss
- 200 g Schmand
- 4 EL gehackte Petersilie

Zubereitung

Den Kalbstafelspitz und das Dörrfleisch mit Wasser und Apfelwein, grob gewürfeltem Suppengrün, Lorbeerblättern, Pfeffer- und Pimentkörnern 45 Minuten garen. Das Dörrfleisch herausnehmen und würfeln. Den Tafelspitz so lange garen, bis er weich ist. Ebenfalls aus der Brühe heben und klein schneiden. Die Brühe durch ein Sieb gießen.

Die äußeren Blätter und den Strunk vom Kohl entfernen, dann in 2 cm breite Streifen schneiden. Die Möhren schälen und in dünne Scheiben schneiden. Die Paprikaschote mit einem Sparschäler schälen, putzen und in schmale Streifen schneiden. Möhren und Paprika in der Brühe 8 bis 10 Minuten kochen. Den Kohl hinzufügen und in der Brühe 3 bis 5 Minuten garen. Mit Salz, Pfeffer und Muskatnuss abschmecken. Dörrfleisch und Tafelspitz hinzufügen. Den Schmand in die Suppe einrühren und mit Petersilie bestreuen.

Frühlingsgemüsesuppe mit Frankfurter Würstchen und Kerbelklößchen

Zutaten

- 2 Kohlrabis mit Grün
- 3 junge Möhren
- 2 dünne Stangen Lauch
- 2 Stangen Sellerie
- 350 g Erbsenschoten
- 400 g Spargel
- 400 g neue Kartoffeln
- 400 g Wirsing
- 1,3 l Brühe mit Fleischknochen vom Schwein
- Salz
- Pfeffer aus der Mühle
- Muskatnuss
- 2 Paar Frankfurter Würstchen
- 50 g weiche Butter
- 1 Ei
- 60 g Hartweizengrieß
- 1 Tasse Kerbelblättchen

Zubereitung

Die Kohlrabis schälen und in knapp 1 cm dicke Stifte schneiden. Zartes Blattgrün in Streifen schneiden und beiseite legen. Möhren schälen und in Scheiben hobeln. Lauch putzen und in 1 cm breite Stücke schneiden. Sellerie abfädeln und in dünne Scheibchen schneiden. Erbsen aus den Schoten lösen. Spargel schälen und in mundgerechte Stücke schneiden. Kartoffeln schälen und würfeln. Den hellen Teil des Wirsings in feine Streifen schneiden.

Die Brühe zum Kochen bringen. Kohlrabi, Möhren, Sellerie, Erbsen und Kartoffeln 10 Minuten darin garen. Das restliche Gemüse hinzufügen und weitere 3 bis 5 Minuten kochen. Kohlrabigrün einstreuen und die Suppe mit Salz, Pfeffer und frisch geriebener Muskatnuss würzen.

Die Würstchen schräg in dünne Scheiben schneiden und zur Suppe geben. Für die Klößchen die Butter schaumig rühren, Ei und Grieß einrühren, mit Salz, Pfeffer und Muskatnuss würzen. Den Kerbel bis auf 2 EL sehr fein hacken und mit der Grießmasse verrühren. Anschließend 30 Minuten ruhen lassen. Mit einem Teelöffel kleine Klößchen abstechen und in siedendem Salzwasser 2 bis 3 Minuten ziehen lassen. Zur Suppe geben und noch einmal alles erhitzen, den restlichen Kerbel hinzufügen.

Erbsensuppe mit Frankfurter Würstchen

Zutaten

- 2 kg Erbsenschoten
- 2 Schalotten
- 2 EL Butter
- 1 l Hühnerbrühe
- 300 g fest kochende Kartoffeln
- 1 Scheibe geräucherter Bauernschinken, etwa 150 g
- 1 EL frische Estragonblätter
- 2 Paar Frankfurter Würstchen
- 150 g Schmand
- Salz
- Pfeffer aus der Mühle
- 4 Pfefferminzblätter

Zubereitung

Die Erbsen aus den Schoten lösen. Schalotten abziehen und fein würfeln. In der heißen Butter weich schmoren. Erbsen und Hühnerbrühe hinzufügen und so lange kochen, bis die Erbsen weich sind. Die Kartoffeln schälen und fein würfeln. In wenig Salzwasser garen, abgießen und zu den Erbsen geben.

Den Schinken würfeln. Mit den Estragonblättern in die Suppe einrühren. Die Würstchen schräg in dünne Scheiben schneiden und in der Suppe 3 Minuten kochen. Schmand einrühren und alles mit Salz und Pfeffer abschmecken. Minzeblätter in Streifen schneiden und über die Suppe streuen.

Frankfurter Grie Soß Supp

Zutaten

- 250 g Zwiebeln
- 3 EL Butter
- 50 ml Apfelwein
- 750 g mehlig kochende Kartoffeln
- 3/4 l Kalbsbrühe
- Salz
- Pfeffer aus der Mühle
- Muskatnuss
- Zitronensaft
- 1 Päckchen Grüne Soße
- 125 g süße Sahne
- 1 Laugenstange
- 4 EL Butter

Zubereitung

Zwiebeln abziehen und fein würfeln. In heißer Butter anschwitzen und mit Apfelwein ablöschen. Kartoffeln schälen und klein schneiden. Zu den Zwiebeln geben und mit der Brühe 25 Minuten kochen, dann pürieren. Mit Salz, Pfeffer, Muskatnuss und Zitronensaft abschmecken. Grüne Soße verlesen und mittelfein hacken. Sahne halb steif schlagen. Laugenstange in dünne Scheibchen schneiden und in heißer Butter rösten. Sahne und Kräuter mischen, in die Suppe rühren und mit Croûtons bestreuen.

Saure Brieh

Zutaten

- 1,5 l Rindfleischbrühe
- 4 dicke Scheiben Bauernbrot
- 2 grobe Bratwürste
- 1 TL Kümmel
- 2 EL gehackte Petersilie
- Salz
- Pfeffer aus der Mühle
- 1 Eigelb
- 3 Zwiebeln
- 4 EL Butter
- 2 EL Butterschmalz
- 150 g Schmand
- 4 EL gehackte Petersilie

Zubereitung

Die Brühe auf 1 l einkochen. Die Brotscheiben leicht rösten und auf vier Suppenteller verteilen. Das Innere der Bratwürste mit Kümmel, gehackter Petersilie, ein wenig Salz, Pfeffer und dem Eigelb glatt rühren. Aus der Masse kleine Bällchen formen und 15 Minuten kühl stellen. Die Brühe mit Salz und Pfeffer abschmecken.

Die Zwiebeln abziehen und in feine Ringe schneiden. In der Butter hellbraun schmoren. Die Fleischbällchen in heißem Butterschmalz etwa 10 Minuten braten. Die gebratenen Fleischbällchen auf die Brote legen, die geschmorten Zwiebeln darüber legen und mit heißer Brühe auffüllen. Den Schmand glatt rühren und darüber geben und mit der gehackten Petersilie bestreuen.

Hessische Linsensuppe

Zutaten

- 250 g Linsen
- 1 l Rindfleischbrühe
- 200 g Möhren
- 100 g Knollensellerie
- 200 g fest kochende Kartoffeln
- 250 g Dörrfleisch
- 1/2 Fleischwurst
- 2 Stangen Lauch
- Salz
- Pfeffer aus der Mühle
- 1 EL Zucker
- 4 EL Weißweinessig
- 4 EL gehackte Petersilie

Zubereitung

Die Linsen unter kaltem Wasser abspülen und am besten 4 bis 6 Stunden in reichlich kaltem Wasser einweichen. Das Einweichwasser weggießen und die Linsen in der Brühe in 20 bis 45 Minuten weich kochen. Möhren, Sellerie und Kartoffeln schälen und fein würfeln. In etwas Brühe weich kochen und zu den Linsen geben.

Das Dörrfleisch ohne Schwarte in dünne Scheiben schneiden und in einer Pfanne langsam knusprig ausbraten. Die Wurst häuten, längs halbieren und klein schneiden. Nur den hellen Teil des Lauchs in dünne Scheiben schneiden. Wurst und Lauch in der Suppe 3 bis 4 Minuten kochen. Die Suppe mit Salz, Pfeffer, Zucker und Essig pikant abschmecken und mit Dörrfleisch und Petersilie bestreuen.

Tellerlinsensuppe mit Wachteln

Zutaten

- 200 g Tellerlinsen
- 4 Wachteln
- 2 EL Butterschmalz
- Salz
- Pfeffer aus der Mühle
- 1,2 l Hühnerbrühe
- 2 Lorbeerblätter
- 1 rote Chilischote
- 1 Bund Frühlingszwiebeln
- 2 EL Butter
- 2 Möhren
- 400 g fest kochende Kartoffeln
- 2 Stangen Sellerie
- 100 g süße Sahne
- 1 Döschen Safran
- Kreuzkümmelpulver
- Zimt
- geriebene Zitronenschale

Zubereitung

Tellerlinsen kalt abbrausen und in reichlich kaltem Wasser 2 bis 8 Stunden einweichen. Die fleischige Brust der Wachteln vom Knochen schneiden und häuten. Karkassen und Haut in heißem Butterschmalz rundherum rösten. Die Brüste hinzufügen und auf jeder Seite 2 Minuten braten. Herausnehmen, salzen und pfeffern. Die Brühe zu den Karkassen gießen, Lorbeerblätter und aufgeschnittene Chilischote hinzufügen und 1 Stunde sanft kochen.

Frühlingszwiebeln klein schneiden, den dunkelgrünen Teil sehr fein schneiden und beiseite legen. Zwiebeln in der Butter weich schmoren. Möhren und Kartoffeln schälen, Sellerie abfädeln. Alles sehr fein würfeln. Die Brühe durch ein Sieb gießen. Die eingeweichten Linsen abgießen, zur Brühe geben und knapp gar kochen. Zwiebeln und die gesamten Gemüsewürfel dazugeben und die Suppe bei milder Hitze fertig garen.

Sahne, klein geschnittene Wachtelbrüste, Zwiebelgrün, Sahne und Safran zur Suppe geben. Die Suppe noch einmal aufkochen, mit Salz, Pfeffer, etwas Kreuzkümmelpulver, wenig Zimt und ein bisschen geriebener Zitronenschale pikant abschmecken.

Zucchini-Nudel-Suppe mit Huhn und Kasseler

Zutaten

- 1 Poularde, 1,2 kg
- 1,3 l Wasser
- 4 Lorbeerblätter
- 1 TL Pfefferkörner
- 1 TL Pimentkörner
- 1 Stiel Rosmarin
- 3 Stiele Thymian
- Salz
- Pfeffer aus der Mühle
- 1 Bund Frühlingszwiebeln
- 500 g kleine Zucchini
- 1 Tasse tiefgefrorene Erbsen
- 150 g Fadennudeln
- 250 g rohes Kasseler
- 2 EL Schnittlauchröllchen
- 2 EL Dill
- 2 EL gehackte Petersilie

Zubereitung

Von der Poularde die Brust vom Knochen schneiden und die Haut abziehen. Das restliche Huhn halbieren und mit Wasser, Lorbeerblättern, Pfeffer- und Pimentkörnern 1 Stunde sanft kochen. Rosmarin und Thymian hinzufügen, ebenso Salz, Pfeffer und den dunkelgrünen Teil der Frühlingszwiebeln. Die Brühe weitere 30 Minuten kochen und durch ein Sieb in einen anderen Topf gießen.

Den hellen Teil der Frühlingszwiebeln in mundgerechte Stücke schneiden. Zucchini in 0,5 cm dicke Scheiben schneiden. Zuerst die Frühlingszwiebeln in der Brühe 5 Minuten kochen, Zucchini und Erbsen hinzufügen und weitere 5 Minuten garen.

Die Nudeln in reichlich Salzwasser kochen und abgießen. Das Kasseler und die zurückgelegte Poulardenbrust in mundgerechte Stücke schneiden und in der Brühe 5 Minuten kochen. Nudeln einrühren, noch einmal aufkochen und mit Salz und Pfeffer abschmecken. Vor dem Servieren mit den Kräutern bestreuen.

Statt der gemischten Kräuter können Sie auch die gleiche Menge fein geschnittener Bärlauchblätter verwenden.

Sauerkrautsuppe mit Putenschnecken

Zutaten

- 200 g Zwiebeln
- 1 Knoblauchzehe
- 150 g braune Champignons
- 4 EL Butter
- 1 dicke Möhre
- 1 l Hühnerbrühe
- 100 ml Apfelwein
- 350 g Fasssauerkraut
- 2 Lorbeerblätter
- 150 g süße Sahne
- 1 TL Paprikapulver
- Salz
- Pfeffer aus der Mühle
- Zucker
- 2 dünne Putenschnitzel à 150 g
- 2 TL scharfer Senf
- 2 Scheiben Zungenblutwurst
- 1 Frühlingszwiebel
- 2 EL Butterschmalz

Zubereitung

Zwiebeln und Knoblauch abziehen und fein würfeln. Champignons abreiben und in feine Scheiben schneiden. 2 EL Butter in einem Topf erhitzen und die Pilze darin unter rühren 2 Minuten schmoren und beiseite legen. Die restliche Butter erhitzen und Zwiebeln und Knoblauch darin weich schmoren. Die Möhre schälen und in streichholzdicke Stifte schneiden. Mit Brühe, Apfelwein, Sauerkraut und Lorbeerblättern zu den Zwiebeln geben und 30 Minuten kochen.

Lorbeerblätter entfernen und die Sahne mit dem Paprikapulver einrühren. Die Pilze hinzufügen und alles mit Salz, Pfeffer und etwas Zucker pikant abschmecken.

Die Putenschnitzel mit Salz und Pfeffer würzen. Mit Senf bestreichen und mit der Wurst belegen. Hellen Teil der Frühlingszwiebel in schmale Streifchen schneiden und quer auf die Schnitzel legen. Die Schnitzel aufrollen, mit etwas Garn fixieren und in heißem Butterschmalz rundherum etwa 10 Minuten braten. Das Garn entfernen und die Rouladen in Scheiben schneiden. Die Suppe auf tiefen Tellern anrichten und die Putenschnecken dazu setzen.

 Dazu schmecken dicke Pommes frites.

Bohnensuppe mit Lamm und Zwiebeln

Zutaten

- 250 g Zwiebeln
- 1 Knoblauchzehe
- 2 EL Rapsöl
- 500 g Lammkeule ohne Knochen
- 1 l Lammbrühe
- 2 Stiele Thymian
- 1 Stiel Rosmarin
- 400 g grüne Bohnen
- 250 g Tomaten
- 1 kleine Dose Kidneybohnen (200 g)
- Salz
- Pfeffer aus der Mühle
- 2 EL gehacktes Bohnenkraut
- 100 g Schmand

Zubereitung

Zwiebeln und Knoblauch abziehen und in Streifen schneiden. In heißem Öl leicht anschwitzen. Das Fleisch in mundgerechte Stücke schneiden und mit den Zwiebeln kurz anrösten. Die Brühe mit Thymian und Rosmarin hinzufügen und 45 bis 60 Minuten kochen, bis das Fleisch weich ist.

Bohnen putzen und klein schneiden. In etwas Brühe 12 bis 15 Minuten garen. Tomaten kurz in kochendes Wasser tauchen, Stielansatz, Haut und Kerne entfernen und das Tomatenfleisch würfeln. Bohnen abgießen und kalt abbrausen. Tomaten und rote Bohnen zur den grünen Bohnen geben und mit der restlichen Suppe mischen. Alles mit Salz und Pfeffer abschmecken.

Das Bohnenkraut mit etwas Salz, Pfeffer und Schmand mischen. In die Suppe einrühren und nochmals erhitzen.

Kapitel 3

Nicht nur für hungrige Berserker und Wanderer: Rustikale Suppen

Rindfleischsuppe mit Nudeln und Gemüse

Zutaten

- 500 g Suppenfleisch
- 200 g Dörrfleisch
- 1,5 l Wasser
- 1 EL Pfefferkörner
- 2 Lorbeerblätter
- 5 Pimentkörner
- Salz
- 150 g tiefgefrorene Erbsen
- 250 g Möhren
- 1 Kohlrabi
- 100 g grüne Bohnen
- 250 g Spargel
- 250 g Brokkoli oder Blumenkohl
- 1 Stange Sellerie
- Pfeffer aus der Mühle
- Worcestershiresoße
- 75 g Suppennudeln
- 4 EL gehackte Petersilie

Zubereitung

Suppenfleisch und Dörrfleisch in dem Wasser 1 Stunde kochen. Dörrfleisch herausnehmen. Pfefferkörner, Lorbeerblätter, Pimentkörner und 1 EL Salz hinzufügen und so lange kochen, bis das Fleisch weich ist. Die Brühe durch ein Sieb in einen anderen Topf gießen. Fleisch und Dörrfleisch würfeln.

Die Erbsen in etwas Brühe 5 Minuten garen. Möhren und Kohlrabi schälen und klein schneiden. Bohnen putzen, Spargel schälen, beides in mundgerechte Stücke schneiden. Brokkoli oder Blumenkohl in kleine Röschen teilen. Sellerie abfädeln und klein schneiden. Möhren, Kohl-

rabi, Bohnen, Sellerie und Spargel ohne Köpfe in der Brühe garen. Spargelköpfe und Brokkoli oder Blumenkohl die letzten 5 Minuten mitkochen. Fleisch, Dörrfleisch und Erbsen hinzufügen. Die Suppe mit Salz, Pfeffer und etwas Worcestershiresoße abschmecken. Die Suppennudeln in Salzwasser garen, abgießen und mit der heißen Suppe verrühren. Mit Petersilie bestreuen.

Schneller Bohnentopf

Zutaten

- 4 EL Olivenöl
- 500 g Lammhackfleisch
- 2 Zwiebeln
- 2 Knoblauchzehen
- 1 l Lammbrühe
- 500 g grüne Bohnen
- 500 g fest kochende Kartoffeln
- 250 g Tomatenpüree (Tetrapack)
- Salz
- Pfeffer aus der Mühle
- 2 EL frisches Bohnenkraut oder gehackte Petersilie
- 4 EL saure Sahne

Zubereitung

Das Olivenöl erhitzen und das Hackfleisch darin krümelig anbraten. Zwiebeln und Knoblauch abziehen und fein würfeln. Zum Hackfleisch geben und mitrösten. Die Brühe angießen und zum Kochen bringen.

Bohnen putzen und klein schneiden. Kartoffeln schälen und würfeln. Beides in der Brühe 12 bis 15 Minuten garen. Das Tomatenpüree dazugeben, einige Minuten kochen und die Suppe mit Salz, Pfeffer, Bohnenkraut und Sahne abschmecken.

Dicke Bohnen mit Lammhaxen und Knoblauch

Zutaten

- 4 tiefgefrorene oder frische Lammhaxen
- 4 EL Olivenöl
- 1,3 l Wasser
- 1 Knoblauchknolle
- 4 Stiele Thymian
- Salz
- Pfeffer aus der Mühle
- 1 Bund Suppengrün
- 500 g fest kochende Kartoffeln
- 2 Gläser dicke Bohnen
- Worcestershiresoße
- 200 g Zwiebeln
- 2 EL Butter
- 2 EL frisches Bohnenkraut

Zubereitung

Lammhaxen in heißem Olivenöl anbraten. Mit Wasser, halbierter Knoblauchknolle, 1 EL Salz und Thymian 70 Minuten kochen. Die Haxen herausnehmen, von Knochen lösen und klein schneiden. Die Brühe durch ein Sieb gießen. Knoblauch aus den Schalen lösen und mit etwas Salz, Pfeffer und wenig heißer Brühe cremig rühren.

Suppengrün putzen, Kartoffeln schälen und beides klein schneiden. Mit den abgegossenen Bohnen in der Brühe garen. Fleisch hinzufügen und mit Salz, Pfeffer und Worcestershiresoße abschmecken. Zwiebeln in Ringe schneiden und in heißer Butter bräunen. Mit grob gehacktem Bohnenkraut zur Suppe geben, Knoblauchcreme getrennt dazu reichen.

Bergsträßer Bohnensuppe

Zutaten

- 250 g weiße Bohnen
- 1,3 l Brühe mit Fleischknochen vom Schwein
- 1 Bund Suppengrün
- 2 Lorbeerblätter
- 1 TL getrocknetes Bohnenkraut
- 250 g Dörrfleisch
- 200 g Zwiebeln
- 1 Knoblauchzehe
- 2 EL Rapsöl
- 1 dicke Möhre
- 1 Stange Lauch
- 2 Stangen Sellerie
- 250 g fest kochende Kartoffeln
- 200 g grüne Buschbohnen
- Salz
- Pfeffer aus der Mühle
- Worcestershiresoße
- 1 Paar Mettwürstchen
- 200 g rohes Kasseler
- 4 EL Schmand
- 4 EL gehackte Petersilie
- 1 EL frisches Bohnenkraut

Zubereitung

Die weißen Bohnen verlesen und über Nacht in reichlich kaltem Wasser einweichen. Am nächsten Tag die Bohnen abgießen und in der Brühe 1 Stunde sanft kochen. Das Suppengrün putzen und grob würfeln. Mit Lorbeerblättern, Bohnenkraut und Dörrfleisch zu den Bohnen geben und die Bohnen weich kochen. Das Dörrfleisch herausnehmen und würfeln. Lorbeerblätter entfernen.

Zwiebeln und Knoblauch abziehen und klein schneiden. In dem heißen Öl anschwitzen. Die Möhre schälen, den Lauch putzen, die Selleriestangen abfädeln. Alles in dünne Scheiben schneiden. Die Kartoffeln schälen und würfeln. Die Bohnen putzen und je nach Länge ein- bis zwei Mal durchbrechen.

Das zerkleinerte Gemüse, die Kartoffeln und die grünen Bohnen zu den Zwiebeln geben, etwas heiße Brühe dazugießen und 10 bis 15 Minuten garen. Das Gemüse mit der Brühe zu den weißen Bohnen geben. Das Dörrfleisch hinzufügen und die Suppe mit Salz, Pfeffer und Worcestershiresoße pikant abschmecken. Die Mettwürstchen und das Kasseler in mundgerechte Stücke schneiden. In der Suppe 5 bis 8 Minuten gar ziehen lassen. Die Suppe in tiefe Teller schöpfen und jeweils mit einem Klecks Schmand, gehackter Petersilie und mit etwas gehacktem Bohnenkraut anrichten.

Wiesbadener Bohnensuppe mit Kartoffelküchlein

Zutaten

- 250 g dicke weiße Bohnen
- 1,3 l Rauchfleischbrühe
- 1 TL getrocknetes Bohnenkraut
- 1 gepökeltes Haspel
- 4 Stangen Lauch
- Salz
- Pfeffer aus der Mühle
- 1 EL frisches Bohnenkraut
- 1 kg mehlig kochende Kartoffeln
- 1 Bund Frühlingszwiebeln
- 1 EL Butter
- 1 Ei
- 1 Eigelb
- Muskatnuss
- 2 EL gehackte Petersilie
- 2 bis 4 EL Mehl
- Rapsöl oder Butterschmalz
  zum Braten
- Zucker zum Bestreuen

Zubereitung

Die Bohnen über Nacht in reichlich kaltem Wasser einweichen. Am nächsten Tag die Bohnen abschütten und in der Brühe mit dem getrockneten Bohnenkraut und dem Haspel weich kochen. Das Fleisch herausnehmen, vom Knochen lösen und in mundgerechte Stücke schneiden.

Den hellen Teil des Lauchs in feine Ringe schneiden und in etwas heißer Brühe 5 bis 7 Minuten garen. Zu den Bohnen geben und die Suppe mit Salz, Pfeffer und frischem Bohnenkraut pikant abschmecken. Das Fleisch wieder hinzufügen.

Die Kartoffeln schälen und mittelfein in eine Schüssel reiben. Die Kartoffelmasse in einem Küchentuch gut ausdrücken. Die Frühlingszwiebeln putzen und den hellen Teil sehr fein schneiden. In der heißen Butter weich schmoren. Leicht abgekühlt mit der Kartoffelmasse, Ei und Eigelb mischen. Mit Salz, Pfeffer, etwas frisch geriebener Muskatnuss und gehackter Petersilie würzen. Den Teig mit Mehl zu einer formbaren Masse verrühren und handtellergroße Küchlein formen. Reichlich Öl oder Butterschmalz in einer Pfanne erhitzen und die Küchlein darin auf beiden Seiten knusprig braten. Sofort mit etwas Zucker bestreuen und zur heißen Suppe reichen.

Motten mit Klößen

Zutaten

- 1 Bund Frühlingszwiebeln
- 2 EL Butter
- 750 g Möhren
- 2 Lorbeerblätter
- 1,2 l Hühnerbrühe
- 500 g Kasseler Nacken
- Salz
- Pfeffer aus der Mühle
- Muskatnuss
- 1 Packung gekochte Kartoffelklöße (für 8 Stück)
- 4 EL Paniermehl
- 2 EL Butter
- 4 EL gehackte Petersilie

Zubereitung

Von den Frühlingszwiebeln nur den weißen und hellgrünen Teil klein schneiden und in der heißen Butter anschwitzen. Die Möhren schälen und in längliche Stücke schneiden. Mit den Lorbeerblättern und der Brühe zu den Frühlingszwiebeln geben und zum Kochen bringen.

Das Kasseler in der heißen Suppe 45 Minuten garen. Anschließend mit Salz, Pfeffer und frisch geriebener Muskatnuss pikant abschmecken. Das Kasseler herausnehmen, abkühlen lassen und in mundgerechte Stücke schneiden.

Die Kloßmasse nach Verpackungsaufschrift anrühren und ausquellen lassen. Daraus kleine Klößchen formen und in reichlich gesalzenem Wasser 15 Minuten garen.

Das Paniermehl mit der Butter goldgelb rösten und mit Salz würzen. Klöße und Kasseler zur Suppe geben. Geröstetes Paniermehl und Petersilie über die Klöße streuen.

Grünkohlsuppe mit Kartoffelwurst

Zutaten

- 1 Staude Grünkohl
- 2 Zwiebeln
- 50 g Gänseschmalz
- 1 l Rindfleischbrühe
- 200 g Dörrfleisch
- 2 EL Haferflocken
- 500 g fest kochende Kartoffeln
- Salz
- Pfeffer aus der Mühle
- Muskatnuss
- 2 bis 3 EL Honig
- 2 bis 4 EL scharfer Senf
- 4 Kartoffelwürste
- 100 g süße Sahne

Zubereitung

Den Grünkohl von den Strünken streifen und in reichlich kochendem Wasser 1 Minute erhitzen. Den Kohl abgießen und ausdrücken. Es werden gut 300 g benötigt. Den Grünkohl mittelfein hacken. Zwiebeln abziehen, klein schneiden und in heißem Gänseschmalz weich schmoren. Grünkohl, Brühe, Dörrfleisch und Haferflocken hinzufügen und 30 Minuten kochen.

Die Kartoffeln schälen und würfeln. In Salzwasser weich kochen. Kartoffeln und Grünkohl mischen und mit Salz, Pfeffer, etwas frisch geriebener Muskatnuss, Honig und Senf pikant abschmecken. Dörrfleisch würfeln und mit den Kartoffelwürsten zur Suppe geben. Nochmals 10 bis 15 Minuten kochen. Die Sahne zur Suppe geben und einmal aufkochen. Die Wurst nach Belieben klein schneiden und in der Grünkohlsuppe anrichten.

Grünkohl gilt als besonders gesundes Wintergemüse. Er ist reich an Vitaminen, Mineralstoffen und Ballaststoffen. Grünkohl gibt es auch gekocht in Dosen oder roh tiefgefroren. Frischer Grünkohl schmeckt jedoch wesentlich feiner. Vorgekochter Grünkohl kann gut eingefroren werden, falls Sie für dieses Rezept eine sehr große Staude Kohl bekommen haben.

Strohlehmsupp mit gebratener Blutwurst

Zutaten

- 100 g fetter Speck
- 250 g Zwiebeln
- 1 fester Apfel
- 500 g fest kochende Kartoffeln
- 350 g Fasssauerkraut
- 2 Lorbeerblätter
- 10 Wacholderbeeren
- 1 l Hühnerbrühe
- Salz
- Pfeffer aus der Mühle
- Zucker
- 4 rote Zwiebeln
- 400 g feste Blutwurst
- Schweineschmalz zum Braten
- 4 EL gehackte Petersilie

Zubereitung

Den Speck fein würfeln und langsam ausbraten. Die Würfel auf Küchenpapier entfetten. Die Zwiebeln abziehen und würfeln. In dem Speckfett weich schmoren. Den Apfel vierteln, schälen, entkernen. Die Kartoffeln schälen. Apfel und Kartoffeln würfeln, zu den Zwiebeln geben und kurz mitschmoren. Sauerkraut, Lorbeerblätter, zerdrückte Wacholderbeeren und die Brühe hinzufügen. Die Suppe 20 Minuten sanft kochen und mit Salz, Pfeffer und etwas Zucker pikant abschmecken. Die krossen Speckwürfel einrühren.

Die roten Zwiebeln abziehen und in feine Ringe schneiden. Die Blutwurst in mitteldicke Scheiben schneiden. Etwas Schmalz in einer großen Pfanne erhitzen und die Zwiebelringe darin weich, aber nicht braun schmoren, anschließend warm stellen. Die Blutwurst bei mittlerer Hitze in etwas heißem Schmalz auf beiden Seiten rösten. Die Suppe auf tiefe Teller verteilen, Zwiebeln, Blutwurst und Petersilie dazu geben.

Fuldaer Erbsensuppe mit Sauerkraut und Kasseler

Zutaten

- 300 g getrocknete grüne Erbsen
- 1,3 l Rauchfleischbrühe
- 2 Möhren
- 2 Stangen Lauch
- 1/2 Sellerieknolle
- 500 g fest kochende Kartoffeln
- 1 EL getrockneter Majoran
- Salz
- Pfeffer aus der Mühle
- 400 g rohes Kasseler
- 2 Zwiebeln
- 1 EL Rapsöl
- 250 g Fasssauerkraut
- etwas Apfelwein
- 2 EL frische Majoranblätter

Zubereitung

Die Erbsen in reichlich kaltem Wasser über Nacht einweichen. Am nächsten Tag die Erbsen abschütten und in der Brühe 1 Stunde garen. Möhren schälen und klein schneiden. Vom Lauch nur den hellen Teil in feine Ringe schneiden. Das Stück Sellerie und die Kartoffeln schälen und fein würfeln. Bis auf den Lauch das Gemüse und die Kartoffeln zu den Erbsen geben und mit dem getrockneten Majoran 1 weitere Stunde sanft kochen. Die Suppe mit Salz und Pfeffer pikant abschmecken. Das Kasseler in mundgerechte Stücke schneiden und mit dem Lauch in der Suppe 6 bis 7 Minuten garen.

Die Zwiebeln abziehen und würfeln. In dem heißen Öl weich schmoren. Das Sauerkraut hinzufügen und mit dem Apfelwein ablöschen. Das Sauerkraut sanft 10 Minuten garen. Mit Salz und Pfeffer abschmecken. Das Sauerkraut auf tiefe Teller verteilen, mit der heißen Erbsensuppe auffüllen. Zum Schluss mit ein paar Majoranblättchen bestreuen.

Schwarzwurzel-Rosenkohl-Topf mit Lammbällchen

Zutaten

- 25 g weiche Butter
- 20 g Mehl
- 400 g Schwarzwurzeln
- 4 EL Essig
- 400 g Rosenkohl
- 300 g mehlig kochende Kartoffeln
- 1,2 l Lammbrühe
- 200 g Schmand
- Salz
- Pfeffer aus der Mühle
- Muskatnuss
- 350 g Lammhackfleisch
- 1 Eigelb
- 1 Knoblauchzehe
- 2 EL gehackte Petersilie
- 1 EL Tomatenmark
- Rapsöl zum Braten
- 125 g Dörrfleisch

Zubereitung

Die weiche Butter mit dem Mehl verkneten und kühl stellen. Die Schwarzwurzeln waschen und am besten mit Gummihandschuhen schälen. Das Gemüse in mundgerechte Stücke schneiden und sofort in eine Schüssel mit Essigwasser legen. Den Rosenkohl putzen. Die Kartoffeln schälen und würfeln. Schwarzwurzeln und Rosenkohl mit den Kartoffeln in der Brühe 15 Minuten kochen. Den Schmand einrühren und die Suppe mit Salz, Pfeffer und etwas frisch geriebener Muskatnuss pikant abschmecken.

Das Lammhackfleisch mit Eigelb und geschälter und klein gehackter Knoblauchzehe, Petersilie, Tomatenmark, Salz und Pfeffer verkneten und rosenkohlgroße Bällchen formen. Die Fleischbällchen in heißem Öl 5 Minuten braten und in die Suppe geben. Die kalte Mehlbutter in kleinen Stückchen in die kochende Suppe einrühren, bis sie leicht gebunden ist. Das Dörrfleisch in schmale Streifen schneiden und in etwas Öl knusprig braten. Vor dem Servieren über die Suppe streuen.

Wirsingsuppe mit Lamm und lila Kartoffeln

Zutaten

- 1 kg Lammhals
- 2 EL Öl
- 1 Bund Suppengrün
- 1 Zwiebel
- 1 EL Tomatenmark
- 1/8 l Apfelwein
- 2 Lorbeerblätter
- 1 l Wasser
- Salz
- Pfeffer aus der Mühle
- 1 kg Wirsing
- 500 g lila Kartoffeln
- Muskatnuss
- 2 Tomaten
- 4 EL Schmand

Zubereitung

Den Lammhals in heißem Öl rundherum leicht anbraten. Suppengrün, Zwiebel und Knoblauch schälen und klein schneiden. Mit dem Tomatenmark zum Lammhals geben und kurz mitrösten. Mit Apfelwein ablöschen. Lorbeerblätter, Wasser, Salz und Pfeffer hinzufügen und im geschlossenen Topf 90 Minuten köcheln lassen.

Inzwischen die äußeren Blätter und den Strunk vom Kohl entfernen. Den Wirsing klein schneiden. Die Kartoffeln waschen und in wenig Wasser 20 bis 25 Minuten garen, abgießen und die Schale abziehen.

Den Hals aus der Brühe nehmen und das Fleisch vom Knochen lösen. Die Brühe durch ein Sieb gießen und den Wirsing darin garen. Die Kartoffeln in Scheiben schneiden und mit dem Fleisch zum Wirsing geben. Mit Salz, Pfeffer und frisch geriebener Muskatnuss abschmecken.

Die Tomaten kurz in kochendes Wasser tauchen, die Haut abziehen, die Kerne entfernen und die Tomaten in Streifen schneiden. Kurz in der Suppe erhitzen. Die heiße Suppe in tiefen Tellern anrichten und jeweils mit einem Klecks Schmand garnieren.

Bei den lila Kartoffeln handelt es sich um eine alte Sorte, die früher auch im Odenwald angebaut wurde. Heute stammen die lila Kartoffeln, die wir im Herbst auf unseren Märkten finden, meistens aus Frankreich.

Lammsuppe mit Möhren und weißen Bohnen

Zutaten

- 200 g weiße Bohnen
- 250 g Zwiebeln
- 2 Knoblauchzehen
- 4 EL Olivenöl
- 1 kg Lammhaxen in 2 cm dicken Scheiben
- 4 Stiele Thymian
- 1 Stängel Rosmarin
- 1,2 l Lammbrühe oder Wasser
- 300 g Möhren
- 100 g Keniabohnen
- 400 g sehr kleine, fest kochende Kartoffeln (Drillinge)
- Salz
- Pfeffer aus der Mühle
- geriebene Zitronenschale
- 200 g Sahnejogurt
- 2 Stiele Pfefferminze

Zubereitung

Die Bohnen über Nacht in reichlich kaltem Wasser einweichen. Am nächsten Tag Zwiebeln und Knoblauch abziehen und klein schneiden. Das Öl erhitzen und die Lammscheiben auf beiden Seiten leicht anbraten. Zwiebeln und Knoblauch hinzufügen, ebenso Thymian und Rosmarin. Die Lammscheiben 40 bis 45 Minuten schmoren. Die Bohnen abgießen und in der Lammbrühe oder in Salzwasser 1,5 Stunden kochen.

Möhren schälen und in Scheiben hobeln. Bohnen putzen und quer halbieren. Möhren und grüne Bohnen zu den weißen Bohnen geben und 30 Minuten kochen. Das Fleisch vom Knochen lösen und klein schneiden.

Die Kartoffeln in der Schale in wenig Wasser garen, abziehen und mit dem Fleisch zur Suppe geben. Mit Salz, Pfeffer und etwas geriebener Zitronenschale abschmecken. Sahnejogurt mit etwas Salz und Pfeffer verrühren. Die Minzeblätter von den Stielen zupfen und in Streifen schneiden. Mit dem Jogurt verrühren und kurz vor dem Anrichten in die heiße Suppe einrühren.

Weißkohlsuppe mit Hasenkeulen

Zutaten

- 2 Hasenkeulen
- 1 TL Wacholderbeeren
- 1,2 l Wildbrühe
- 2 Lorbeerblätter
- 1 Zwiebel
- 1/2 kleiner Weißkohl
- 1 Bund Suppengrün
- 500 g fest kochende Kartoffeln
- Salz
- Pfeffer aus der Mühle
- Muskatnuss
- 4 EL Schmand
- 4 EL gehackte Petersilie

Zubereitung

Die Hasenkeulen von Sehnen und den Silberhäutchen befreien. Die Zwiebel abziehen und vierteln. Die Wacholderbeeren zerdrücken. Die Brühe zum Kochen bringen und die Hasenkeulen darin mit den Wacholderbeeren, Lorbeerblättern und der Zwiebel in gut einer Stunde weich kochen. Die Keulen herausnehmen, vom Knochen lösen und in mundgerechte Stücke schneiden. Die Brühe durch ein Sieb in einen anderen Topf gießen.

Vom Kohl die äußeren Blätter und den Strunk entfernen. Den Weißkohl in feine Streifen schneiden. Das Suppengrün putzen und klein schneiden. Die Kartoffeln schälen und würfeln.

Weißkohl, Suppengrün und Kartoffeln in der Brühe kochen. Das Hasenfleisch hinzufügen und die Suppe mit Salz, Pfeffer und frisch geriebener Muskatnuss abschmecken. Den Schmand einrühren und mit gehackter Petersilie bestreuen.

Hessen ist ein wald- und wildreiches Land. Wer frisches Wildbret direkt vom hessischen Erzeuger kaufen möchte, findet unter
www.hessen-forst.de
einen Wald- oder Wildladen in seiner Nähe.

Kohlrabisuppe mit Ochsenbein

Zutaten

- 750 g Ochsenbein (Beinscheiben)
- 1,3 l Wasser
- 3 Lorbeerblätter
- 1 TL getrockneter Majoran
- Salz
- Pfeffer aus der Mühle
- 4 bis 6 Kohlrabis mit frischem Grün
- 2 Möhren
- 1 daumengroßes Stück Zitronenschale
- 500 g fest kochende Kartoffeln
- Muskatnuss
- 4 EL gehackte Petersilie

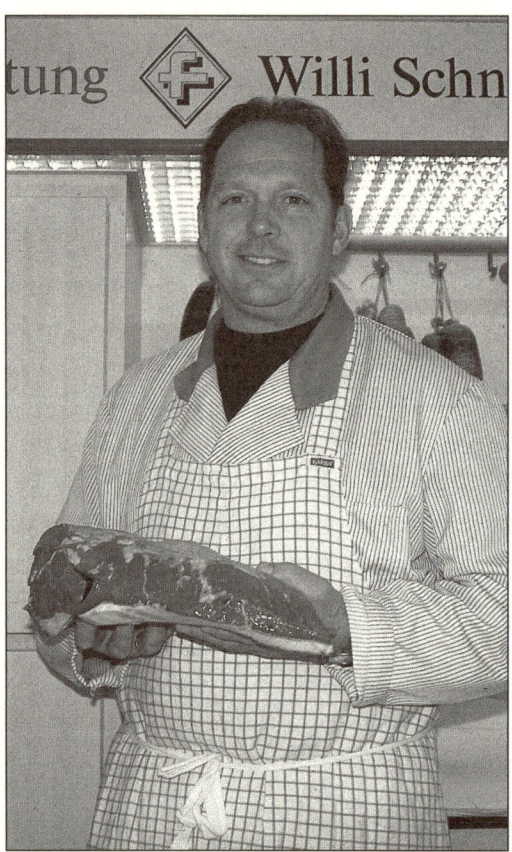

Zubereitung

Das Fleisch mit Wasser, Lorbeerblättern, Majoran, Salz und Pfeffer in gut 2 Stunden weich kochen. Das gegarte Fleisch herausnehmen, von den Knochen lösen und in mundgerechte Stücke schneiden. Das Mark nach Belieben mit einer Gabel zerdrücken.

Die Brühe durch ein Sieb gießen und nach Belieben mit dem Mark mischen. Kohlrabis schälen und würfeln. Das Grün in schmale Streifen schneiden. Die Möhren schälen und in streichholzgroße Stifte schneiden. Kohlrabiwürfel, Kohlrabigrün und Möhrenstifte in der Brühe mit dem Stück Zitronenschale 15 bis 20 Minuten kochen.

Die Kartoffeln in wenig Wasser garen, die Schale abziehen und die Kartoffeln in Scheiben schneiden oder würfeln. Die Kartoffeln mit dem Fleisch zur Suppe geben, die Zitronenschale entfernen und alles noch einmal mit Salz, Pfeffer und frisch geriebener Muskatnuss abschmecken. Zum Schluss mit der Petersilie bestreuen.

Wetterauer Gemüsesuppe mit Schaufelbug

Zutaten

- 750 g Schaufelbug
- 1,3 l Wasser
- 2 Lorbeerblätter
- Salz
- 1 Suppengrün
- 1 Petersilienwurzel
- 2 Stiele Thymian
- 1 TL Pfefferkörner
- 1/4 Blumenkohl
- 2 Möhren
- 1/2 Knollensellerie
- 400 g fest kochende Kartoffeln
- 2 Stangen Lauch
- 250 g Spitzkohl
- 100 g grüne Bohnen
- 3 Tomaten
- Pfeffer aus der Mühle
- 2 EL Schnittlauchröllchen
- 2 EL gehackte Petersilie

Zubereitung

Den Schaufelbug mit Wasser, Lorbeerblättern und 1 EL Salz 1 Stunde kochen. Inzwischen Suppengrün und Petersilienwurzel putzen und grob würfeln. Mit dem Thymian und den Pfefferkörnern zum Fleisch geben und 1 weitere Stunde kochen. Das Fleisch herausnehmen und in mundgerechte Stücke schneiden. Die Brühe durch ein Sieb in einen anderen Topf gießen.

Den Blumenkohl in kleine Röschen teilen. Möhren, Knollensellerie und Kartoffeln schälen und würfeln. Den hellen Teil des Lauchs in 1 cm breite Scheiben schneiden. Den Spitzkohl putzen und in feine Streifen hobeln. Die grünen Bohnen putzen und je nach Länge quer ein- bis zweimal durchbrechen. Die Tomaten kurz in kochendes Wasser tauchen, häuten, entkernen und in breite Streifen schneiden.

In der Brühe zuerst Kartoffeln, Möhren, Sellerie und Bohnen 8 Minuten kochen. Spitzkohl, Blumenkohl und Lauch hinzufügen und weitere 5 bis 8 Minuten kochen. Tomaten und klein geschnittenes Fleisch dazugeben, die Suppe noch einmal aufkochen, mit Salz und Pfeffer pikant abschmecken. Vor dem Anrichten mit den Kräutern bestreuen.

Russische Kohlsuppe

Zutaten

- 500 g Rinderbrust
- 200 g Dörrfleisch
- 1,3 l Wasser
- Salz
- 2 Lorbeerblätter
- 1 TL Pfefferkörner
- 4 Stiele Petersilie
- 350 g Weißkohl
- 2 Möhren
- 400 g fest kochende Kartoffeln
- 4 Stangen Sellerie
- 2 Zwiebeln
- 2 Stangen Lauch
- 1 Dose Pizzatomaten
- 1 Paar Kartoffelwürste
- 150 g eingelegte Rote Bete
- Pfeffer aus der Mühle
- Zucker
- gemahlener Kümmel
- Weißweinessig
- 200 g Schmand
- 4 EL gehackter Dill

Zubereitung

Die Rinderbrust und das Dörrfleisch mit Wasser, 1 EL Salz, Lorbeerblättern, Pfefferkörnern und Petersilienstängeln 1 Stunde kochen. Das Dörrfleisch herausnehmen und die Rinderbrust in einer weiteren Stunde weich kochen und ebenfalls aus der Brühe nehmen. Fleisch und Dörrfleisch in mundgerechte Stücke schneiden. Die Brühe durch ein Sieb in einen anderen Topf gießen.

Den Kohl von den äußeren Blättern und dem Strunk befreien, dann in feine Streifen hobeln. Möhren und Kartoffeln schälen und würfeln. Selleriestangen abfädeln und klein schneiden. Zwiebeln abziehen und grob würfeln. Den hellen Teil des Lauchs in 1 cm breite Stücke schneiden.

Kohl, Möhren, Kartoffeln, Sellerie und Zwiebeln in der Brühe 20 Minuten kochen. Lauch, Tomaten und Kartoffelwürste dazugeben und 10 Minuten mitgaren.

Die Rote Bete sehr fein würfeln oder grob pürieren. Mit etwas Rote-Bete-Saft, Fleisch und Dörrfleisch zur Suppe geben und offen 5 Minuten kochen. Die Suppe mit Salz, Pfeffer, Zucker, gemahlenem Kümmel, etwas Weißweinessig, Schmand und Dill pikant abschmecken. Die Kartoffelwürste in dicke Stücke schneiden und wieder in die Suppe legen.

Hanauer Graupensuppe

Zutaten

- 150 g Perlgraupen
- 250 g Zwiebeln
- 1 Knoblauchzehe
- 4 EL Butter
- 1,3 l Hühnerbrühe
- 750 g Salzfleisch
- 1 TL getrockneter Majoran
- 250 g Möhren
- 200 g Champignons
- 2 Stangen Lauch
- 150 g grobe Spinatblätter
- 4 Tomaten
- Salz
- Pfeffer aus der Mühle
- Muskatnuss
- 4 EL gehackte Petersilie

Zubereitung

Die Perlgraupen über Nacht in reichlich kaltem Wasser einweichen. Am nächsten Tag Zwiebeln und Knoblauch abziehen und fein würfeln. Die Butter erhitzen, Zwiebeln und Knoblauch darin weich schmoren. Die Brühe, Fleisch und Majoran hinzufügen und 40 Minuten kochen. Die Perlgraupen abgießen und zum Fleisch geben. Weitere 35 Minuten garen. Zwischendurch öfter umrühren.

Möhren schälen und in streichholzgroße Stifte schneiden. Champignons putzen und vierteln. Den hellen Teil des Lauchs in 1 cm dicke Stücke schneiden. Spinat putzen. Möhren zur Suppe geben und 8 Minuten kochen, Pilze und Lauch dazugeben und weitere 5 Minuten kochen. Spinat dazugeben und 3 Minuten mitgaren.

Das Fleisch herausnehmen, von Knochen und Schwarten befreien und in mundgerechte Stücke würfeln. Tomaten kurz in kochendes Wasser tauchen, häuten, entkernen und grob würfeln. Mit dem Fleisch in die heiße Suppe einrühren. Alles mit Salz, Pfeffer, etwas frisch geriebener Muskatnuss und der Petersilie pikant abschmecken.

Frankfurter Kartoffelsuppe mit Rindswurst

Zutaten

- 2 Zwiebeln
- 2 EL Rapsöl
- 4 EL Apfelwein, nach Belieben
- 150 g Dörrfleisch
- 1,2 l Rinderbrühe
- 1 kg mehlig kochende Kartoffeln
- 1 Bund Suppengrün
- Salz
- Pfeffer aus der Mühle
- Muskatnuss
- 4 Rindswürste
- 4 EL gehackte Petersilie

Zubereitung

Zwiebeln abziehen und fein würfeln. Das Öl erhitzen und die Zwiebeln darin glasig anschwitzen. Nach Belieben mit etwas Apfelwein ablöschen. Das Dörrfleisch würfeln und mit der Brühe zu den Zwiebeln geben und aufkochen. Die Kartoffeln schälen und würfeln. In der heißen Brühe 10 Minuten kochen. Das Suppengrün putzen und fein würfeln. Zu den Kartoffeln geben und weitere 20 Minuten kochen.

Die Suppe kräftig durchrühren, sodass die meisten Kartoffeln zerfallen. Die Suppe mit Salz, Pfeffer und reichlich frisch geriebener Muskatnuss abschmecken. Die Rindswürste in der heißen Suppe 10 Minuten gar ziehen lassen. Dann in Scheiben schneiden und in der Suppe anrichten. Anschließend mit Petersilie bestreuen.

Lumpen und Heeh

Zutaten

- 2 Zwiebeln
- 2 Knoblauchzehen
- 4 EL Rapsöl
- 200 g Schweinegulasch
- 200 g Rindergulasch
- 200 g Lammfleisch aus der Keule, gewürfelt
- 2 EL Kümmel
- 1,2 l Rindfleischbrühe
- 500 g Weißkohl
- 500 g fest kochende Kartoffeln
- 2 Möhren
- Salz
- Pfeffer aus der Mühle

Zubereitung

Zwiebeln und Knoblauch abziehen und klein schneiden. Das Rapsöl erhitzen und alle drei Fleischsorten darin nacheinander anbraten. Zwiebeln und Knoblauch hinzufügen und kurz mitrösten. Kümmel einstreuen und mit der heißen Brühe aufgießen. Das Fleisch 30 Minuten kochen.

Die äußeren Blätter und den Strunk vom Kohl entfernen. Den Kohl in 4 cm breite Streifen schneiden und diese in mundgerechte Stücke teilen. Die Kartoffeln und die Möhren schälen und würfeln. Kohl, Kartoffeln und Möhren zum Fleisch geben und 20 bis 30 Minuten kochen. Die Suppe mit Salz und Pfeffer abschmecken.

Kapitel 4

Mit viel Gemüse und Getreide: Vegetarische Suppen

Waldpilzsuppe mit Grießklößchen

Zutaten

- 30 g getrocknete Steinpilze
- 1 l Wasser oder Pilzbrühe
- 4 Stiele Thymian
- 2 Zwiebeln
- 4 EL Butter
- 250 g gemischte Waldpilze oder Champignons
- 200 g süße Sahne
- Salz
- Pfeffer aus der Mühle
- Muskatnuss
- 4 Tomaten
- 60 g weiche Butter
- 1 Ei
- 4 EL geriebener Parmesan
- 80 g Hartweizengrieß

Zubereitung

Die getrockneten Steinpilze in dem Wasser mit dem Thymian 1 bis 2 Stunden einweichen. Zwiebeln abziehen, fein würfeln und in der Hälfte der heißen Butter weich schmoren. Die Pilze putzen, bei Bedarf kurz abbrausen und klein schneiden. In der restlichen Butter 3 bis 4 Minuten schmoren, mit Salz und Pfeffer würzen und mit den Zwiebeln mischen.

Die eingeweichten Pilze in dem Einweichwasser mit dem Thymian 10 Minuten kochen. Thymian entfernen und die Zwiebel-Pilz-Masse sowie die Sahne einrühren und aufkochen. Noch einmal mit Salz, Pfeffer und etwas frisch geriebener Muskatnuss abschmecken. Die Tomaten kurz in kochendes Wasser tauchen, häuten, entkernen und in Streifen schneiden.

Für die Klößchen die weiche Butter mit dem Ei schaumig rühren. Parmesan und Grieß einrühren. Mit Salz, Pfeffer und Muskatnuss würzen. Die Masse 30 Minuten kalt stellen. Einen Topf mit Salzwasser zum Kochen bringen. Mit zwei Teelöffeln kleine Klößchen abstechen und in dem siedenden Wasser 8 bis 10 Minuten gar ziehen lassen. Die Klößchen und die Tomatenstreifen auf tiefe Teller verteilen und mit der heißen Suppe auffüllen.

Wirsingsuppe mit Paprika und Wildreis

Zutaten

- 1 l Wasser
- Salz
- Pfeffer aus der Mühle
- Muskatnuss
- etwas geriebene Zitronenschale
- 75 g Wildreis
- 750 g Wirsing
- 1 große rote Paprikaschote
- 1 Möhre
- 1 l Gemüsebrühe
- 150 g süße Sahne
- 4 EL gehackte Petersilie

Zubereitung

Das Wasser mit Salz, Pfeffer, frisch geriebener Muskatnuss und Zitronenschale zum Kochen bringen. Den Reis darin 30 bis 40 Minuten garen und abgießen.

Die äußeren Blätter und den Strunk vom Wirsing entfernen. Den Kohl in schmale Streifen schneiden. Die Paprikaschote halbieren, mit einem Sparschäler schälen und in 1 cm große Stücke schneiden. Die Möhre ebenfalls schälen und in Scheiben hobeln.

Die Möhren- und Paprikastücke in der Brühe 5 Minuten kochen. Wirsing hinzufügen und weitere 12 Minuten garen. Reis und Sahne dazugeben, noch einmal aufkochen. Mit Salz, Pfeffer und Muskatnuss pikant abschmecken. Vor dem Anrichten mit gehackter Petersilie bestreuen.

Brotsuppe mit gerösteten Zwiebelringen

Zutaten

- 850 ml kräftige Gemüsebrühe
- 1 Bund Suppengrün
- 8 bis 12 dünne Scheiben altbackenes Odenwälder Bauernbrot
- 250 g Zwiebeln
- 4 EL Butter
- Salz
- Pfeffer aus der Mühle
- Kümmel
- 4 EL gehackte Petersilie

Zubereitung

Die Brühe zum Kochen bringen. Das Suppengrün putzen, bei Bedarf schälen und in feine Stifte bzw. Ringe schneiden. In der Brühe 10 Minuten garen. Die Brotscheiben auf Suppenteller verteilen. Zwiebeln abziehen und in feine Ringe schneiden. In der heißen Butter braun rösten und über dem Brot verteilen. Mit Salz, Pfeffer, Kümmel und Petersilie bestreuen und die Brühe darüber gießen.

Offenbacher Krabbelstubensuppe mit Hirse

Zutaten

- 200 g Möhren
- 200 g Zucchini
- 200 g Brokkoli, geputzt
- 200 g Blumenkohl, geputzt
- 150 g Hirse
- 1 l Gemüsebrühe
- 200 g süße Sahne
- Salz
- Pfeffer aus der Mühle
- Muskatnuss

Zubereitung

Die Möhren schälen, Zucchini putzen und waschen. Beides in winzige Würfel schneiden. Brokkoli und Blumenkohl in kleine Röschen teilen, sodass sie auf einen Teelöffel passen. Hirse unter kaltem Wasser abbrausen.

Die Brühe zum Kochen bringen und die Hirse darin 20 Minuten kochen. Das Gemüse hinzufügen und weich kochen. Die Suppe mit der Sahne mischen und mit Salz, Pfeffer und etwas frisch geriebener Muskatnuss mild abschmecken.

Gebrannte Grießsuppe

Zutaten

- 40 g Butter
- 50 g Hartweizengrieß
- 2 Zwiebeln
- 1 Knoblauchzehe
- 1 EL Tomatenmark
- 150 g Möhren
- 150 g Sellerieknolle
- 1 Stange Lauch
- 1 Tasse tiefgefrorene Erbsen
- 1,2 l Gemüsebrühe
- 2 Stängel Thymian
- 1 Stück Zitronenschale
- Salz
- Pfeffer aus der Mühle
- Muskatnuss
- 6 EL gemischte, gehackte Kräuter

Zubereitung

Die Butter erhitzen und den Grieß darin hell rösten. Zwiebeln und Knoblauch abziehen und fein würfeln. Zum gebrannten Grieß geben und weich schmoren. Das Tomatenmark einrühren und mitrösten. Möhren und Sellerie schälen, Lauch putzen. Das Gemüse klein schneiden. Das Gemüse zum Grieß geben, kurz anschwitzen und mit der heißen Brühe auffüllen. Thymian und Zitronenschale dazugeben und offen 15 bis 20 Minuten sanft kochen. Mit Salz, Pfeffer, frisch geriebener Muskatnuss und den Kräutern pikant abschmecken. Thymian und Zitronenschale entfernen.

Sommerliche Nudelsuppe

Zutaten

- 150 g Pfifferlinge oder braune Champignons
- 1 Zwiebel
- 2 EL Butter
- 150 g grüne Bohnen
- 1 dicke Möhre
- 300 g Spargel
- 1 Kohlrabi mit Grün
- 1 Zucchini
- 1 Tasse tiefgefrorene Erbsen
- 4 Tomaten
- 1 l Gemüsebrühe
- Salz
- Pfeffer aus der Mühle
- Muskatnuss
- 75 g Hörnchennudeln
- 4 EL Kerbelblättchen

Zubereitung

Pfifferlinge oder braune Champignons putzen und je nach Größe halbieren oder vierteln. Die Zwiebel abziehen und fein würfeln. Die Butter erhitzen und die Zwiebelwürfel darin anschwitzen. Pilze hinzufügen und 3 Minuten garen.

Bohnen putzen und ein- bis zweimal durchschneiden. Möhre schälen und in Scheiben hobeln. Spargel und Kohlrabi schälen und in mundgerechte Stücke, Kohlrabigrün in Streifen schneiden. Zucchini putzen und in daumengroße Stücke schneiden. Erbsen antauen lassen. Tomaten kurz in kochendes Wasser tauchen, häuten, entkernen und in dicke Streifen schneiden.

Die Gemüsebrühe zum Kochen bringen. Zuerst Bohnen, Möhren, Kohlrabi, Kohlrabigrün und Spargel ohne Köpfe darin 10 Minuten kochen. Spargelköpfe, Erbsen und Zucchini dazugeben und weitere 8 bis 10 Minuten garen. Die Pilze und die Tomaten in die Suppe einrühren und mit Salz, Pfeffer und frisch geriebener Muskatnuss pikant abschmecken. Die Nudeln in reichlich Salzwasser garen, abgießen und zur Suppe geben. Zum Schluss mit den Kerbelblättchen bestreuen.

Kohlsuppe mit Apfelwein

Zutaten

- 1 Bund Frühlingszwiebeln
- 1 Stange Lauch
- 2 Stangen Sellerie
- 2 Möhren
- 1 gelbe Paprikaschote
- 500 g Brokkoli
- 400 g Weißkohl
- 1 l Gemüsebrühe
- 1 TL Kümmel
- 4 Tomaten
- 1 säuerlicher Apfel
- 1/8 l Apfelwein oder Apfelsaft
- Salz
- Pfeffer aus der Mühle
- 4 TL Crème double
- 4 EL gehackte Petersilie

Zubereitung

Die Frühlingszwiebeln putzen, den hellen Teil grob schneiden, dunkleres Zwiebelgrün in dünne Ringe schneiden und beiseite legen. Den hellen Teil des Lauchs in 1 cm breite Ringe schneiden. Selleriestangen abfädeln und in dünne Scheiben schneiden. Möhren schälen und in Scheiben hobeln. Die Paprikaschote mit einem Sparschäler schälen und in etwa 1 cm große Stücke schneiden. Den Brokkoli in kleine Röschen teilen. Vom Weißkohl die äußeren Blätter und den Strunk entfernen. Den Kohl in feine Streifen hobeln.

Die Gemüsebrühe zum Kochen bringen. Sellerie, Möhren, Paprika und Weißkohl 10 Minuten in der Brühe garen. Kümmel, Frühlingszwiebeln, Lauch, Brokkoli hinzufügen und weitere 10 Minuten garen.

Die Tomaten kurz in kochendes Wasser tauchen, häuten, entkernen und grob würfeln. Den Apfel vierteln, schälen, entkernen und grob würfeln. Zurückgelegtes Zwiebelgrün, Tomaten, Apfel und Apfelwein oder Apfelsaft zum Gemüse geben und noch einmal 3 Minuten kochen. Die Suppe mit Salz und Pfeffer pikant abschmecken. Crème double mit der gehackten Petersilie mischen und in die Suppe einrühren.

Klare Erbsensuppe mit Kräuterknödeln

Zutaten

- 1 l Kräuterbrühe
- 600 g tiefgefrorene Erbsen
- Salz
- Pfeffer aus der Mühle
- Muskatnuss
- etwas geriebene Zitronenschale
- 1 Zwiebel
- 1 EL Butter
- 1/4 l Milch
- 75 g altbackene Laugenbrötchen
- 1 bis 2 EL Mehl
- 1 Ei
- 1 Eigelb
- 5 EL gehackte gemischte Kräuter

Zubereitung

Die Brühe zum Kochen bringen und die Erbsen darin 5 bis 8 Minuten garen. Die Suppe mit Salz, Pfeffer, frisch geriebener Muskatnuss und ein wenig geriebener Zitronenschale pikant abschmecken.

Für die Knödel die Zwiebel abziehen und fein würfeln. In der heißen Butter weich, aber nicht braun schmoren. Die Milch dazugießen und zum Kochen bringen. Das grobe Salz von den Brötchen entfernen. Die Brötchen zuerst in dünne Scheiben, dann in kleine Würfel schneiden und mit der heißen Zwiebelmilch begießen. 10 Minuten ziehen lassen. Etwas Mehl über die Knödelmasse geben, Ei und Eigelb dazugeben und kräftig rühren. Ist die Masse zu feucht, noch etwas Mehl dazugeben. Die formbare Masse mit Salz, Pfeffer und Muskatnuss abschmecken und mit den Kräutern mischen.

Mit feuchten Händen tischtennisballgroße Knödel formen und in Salzwasser 12 bis 15 Minuten gar ziehen lassen. Die abgetropften Knödel in Suppenteller legen und mit der heißen Suppe auffüllen.

Bunter Bohnentopf

Zutaten

- 50 g weiße Bohnen
- 50 g schwarze Bohnen
- 50 g Kidneybohnen
- 1,8 l Gemüsebrühe
- 200 g grüne Bohnen
- 200 g Saubohnenkerne, frisch, tiefgefroren oder aus dem Glas
- 400 g fest kochende Kartoffeln
- Salz
- Pfeffer aus der Mühle
- Worcestershiresoße
- 2 EL frisches Bohnenkraut
- 200 g Schmand
- 4 EL gehackte Petersilie

Zubereitung

Die getrockneten Bohnen getrennt über Nacht in reichlich kaltem Wasser einweichen. Am folgenden Tag die eingeweichten Bohnen abgießen und getrennt in jeweils 400 ml Gemüsebrühe weich kochen.

Die grünen Bohnen putzen und je nach Größe ein- bis zweimal durchschneiden. Die Saubohnen aus den Schalen lösen. Die Kartoffeln schälen und würfeln. Grüne Bohnen und Saubohnen getrennt in jeweils der Hälfte der restlichen Gemüsebrühe weich kochen. Die Kartoffelwürfel in Salzwasser vorsichtig garen und abgießen.

Alle gekochten Bohnenkerne, grüne Bohnen und Saubohnen abgießen und die Brühe auffangen. Gut 1 l abmessen. Alle Bohnen mit den Kartoffeln und der Brühe in einen Topf geben, mit Salz, Pfeffer und Worcestershiresoße pikant abschmecken. Das Bohnenkraut einrühren und noch einmal aufkochen. Den Schmand mit Salz, Pfeffer und Petersilie glatt rühren und getrennt zur Suppe reichen.

Saubohnen oder dicke Bohnen gibt es in Gläsern, tiefgefroren und frisch in Schoten zum Auspalen. Diese Bohnenkerne müssen, wenn die Haut zu fest ist, zusätzlich geschält werden.

Bärlauch-Kartoffel-Suppe mit gebratenen Äpfeln

Zutaten

- 2 Zwiebeln
- 2 EL Butter
- 1 l Gemüsebrühe
- 750 g mehlig kochende Kartoffeln
- 2 Lorbeerblätter
- 200 g süße Sahne
- 100 g Bärlauchblätter
- 2 Eigelb
- Salz
- Pfeffer aus der Mühle
- Muskatnuss
- 2 Scheiben Toastbrot
- 1 rotschaliger Apfel
- 2 EL Butterschmalz
- 1 EL Butter

Zubereitung

Die Zwiebeln abziehen und fein würfeln. In der heißen Butter weich, aber nicht braun schmoren. Die Gemüsebrühe angießen und zum Kochen bringen. Die Kartoffeln schälen, würfeln und mit den Lorbeerblättern in der Brühe weich kochen. Die Sahne angießen und erhitzen.

Die Bärlauchblätter verlesen, waschen und grob hacken. Die Lorbeerblätter entfernen, Bärlauch hinzufügen und die Suppe pürieren. Mit den Eigelben legieren und mit Salz, Pfeffer und frisch geriebener Muskatnuss pikant abschmecken.

Das Toastbrot würfeln. Den Apfel vierteln und entkernen. Apfelviertel in dünne Spalten schneiden und in dem Butterschmalz goldbraun braten. Auf Küchenpapier entfetten. Die Butter in die Pfanne geben und die Brotwürfel darin goldbraun und knusprig braten. Apfelspalten und Brotwürfel in die Suppe streuen.

Spargelsuppe mit Zwiebelrouladen

Zutaten

- 500 g Spargelbruch oder Suppenspargel
- 1,2 l Gemüsebrühe
- 500 g weißer Spargel
- 500 g grüner Spargel
- Salz
- Pfeffer aus der Mühle
- Zucker
- 250 g Mehl
- 2 Eier
- 5 EL flüssige Butter
- 2 Bund Frühlingszwiebeln
- 2 EL Butter
- 2 EL geriebener Käse
- 1 Eigelb
- 1 EL Paniermehl
- Butterschmalz zum Braten
- 4 EL Schnittlauchröllchen

Zubereitung

Spargelbruch waschen und klein schneiden. In der Gemüsebrühe 30 Minuten kochen. Dann pürieren und durch ein Sieb in einen anderen Topf gießen. Weißen und grünen Spargel schälen und in mundgerechte Stücke schneiden. Die Köpfe beiseite legen. Die Spargelabschnitte in der Brühe 10 Minuten kochen. Die Köpfe hinzufügen und weitere 5 bis 8 Minuten garen. Die Suppe mit Salz, Pfeffer und Zucker pikant abschmecken. Den Spargel aus der Brühe heben.

Für die Einlage das Mehl mit den Eiern, Butter, Salz und Pfeffer verkneten. 30 Minuten ruhen lassen. Den hellen Teil der Frühlingszwiebeln fein schneiden und in der Butter weich schmoren. Mit etwas Salz und Pfeffer, dem geriebenen Käse, Eigelb und Paniermehl mischen.

Den Teig zwischen Frischhaltefolie oder mit Hilfe einer Nudelmaschine dünn zu zwei Rechtecken ausrollen. Dicke Ränder wegschneiden. Die Zwiebelmasse darauf streichen und die freien Ränder etwas mit Wasser anfeuchten. Den Teig aufrollen, Ränder gut andrücken. Die Rollen in etwa 2 cm dicke Scheiben schneiden. In heißem Butterschmalz beidseitig leicht anbraten. Mit der Brühe auffüllen und sanft 15 Minuten garen. Den Spargel wieder hinzufügen. Die Suppe noch einmal erhitzen und mit Schnittlauch bestreuen.

Kopfsalatsuppe mit Kresse

Zutaten

- 150 g Zwiebeln
- 2 Knoblauchzehen
- 4 EL Butter
- 1 EL Mehl
- 3/4 l Pilzbrühe
- 1 Bund Suppengrün
- 8 EL Noilly Prat (weißer Wermut)
- 200 g Schmand
- 3 Romana-Salatherzen (Little Gem)
- 2 Eigelb
- Salz
- Pfeffer aus der Mühle
- Muskatnuss
- 1 Beet Kresse

Zubereitung

Zwiebeln und Knoblauch abziehen und fein würfeln. In der heißen Butter weich, aber nicht braun schmoren. Das Mehl einrühren und kurz mitrösten. Mit der heißen Brühe ablöschen und 3 Minuten kochen lassen.

Das Suppengrün putzen, bei Bedarf schälen und fein würfeln. Zur heißen Brühe geben und 10 Minuten kochen. Noilly Prat und Schmand einrühren. Den Salat putzen und grob schneiden. Zur Brühe geben, einmal aufkochen lassen und pürieren. Die Eigelbe mit etwas Suppe verrühren, in die heiße, nicht mehr kochende Suppe einrühren. Mit Salz, Pfeffer und frisch geriebener Muskatnuss pikant abschmecken. Die Kresseblättchen vor dem Anrichten über die Suppe streuen.

Die kleinen festen Romana-Salatherzen finden Sie abgepackt in der Gemüseabteilung des Supermarktes. Sie sind besonders fest und aromatisch und gut für diese delikate Suppe geeignet. Aber auch mit festen Kopfsalatherzen schmeckt diese frühlingsfrische Suppe ausgezeichnet.

Sellerie-Apfel-Suppe

Zutaten

- 500 g Knollensellerie
- 2 Äpfel
- 3/4 l Gemüsebrühe
- 200 g Schmand
- Salz
- Pfeffer aus der Mühle
- Muskatnuss
- Worcestershiresoße
- Zitronensaft
- 1 Stange Sellerie mit Grün

Zubereitung

Die Sellerieknolle schälen und würfeln. Die Äpfel ebenfalls schälen, entkernen und grob würfeln. Beides in der Gemüsebrühe weich kochen. Die Suppe pürieren und mit dem Schmand mischen. Mit Salz, Pfeffer, etwas frisch geriebener Muskatnuss, Worcestershiresoße und ein wenig Zitronensaft pikant abschmecken. Die Selleriestange abfädeln und in hauchdünne Scheiben hobeln. Das Grün in Streifen schneiden. Beides in die heiße Suppe streuen.

Lauch-Kartoffel-Suppe

Zutaten

- 1 große Zwiebel
- 2 Knoblauchzehen
- 4 EL Butter
- 1 kg Lauch
- 200 g mehlig kochende Kartoffeln
- 1 Apfel
- 1/2 l Gemüsebrühe
- 250 g süße Sahne
- Salz
- Pfeffer aus der Mühle
- Muskatnuss
- 1 TL scharfer Senf
- 150 g fest kochende Kartoffeln
- 2 EL Butterschmalz
- 2 EL frischer Oregano

Zubereitung

Zwiebel und Knoblauch abziehen und fein würfeln. In der heißen Butter weich schmoren. Nur den hellen Teil des Lauchs in feine Streifen schneiden. Kartoffeln und Apfel schälen und beides klein schneiden. Brühe, Lauch, Kartoffeln und Apfel zu den Zwiebeln geben und 20 Minuten kochen. Die Suppe pürieren und die Sahne dazugeben. Mit Salz, Pfeffer, frisch geriebener Muskatnuss und Senf pikant abschmecken.

Die fest kochenden Kartoffeln schälen, fein würfeln und in heißem Butterschmalz knusprig braten. Mit Salz und Oregano würzen und in die Suppe streuen.

Grünkernsuppe mit Riesling und Trauben

Zutaten

- 1 Bund Frühlingszwiebeln
- 4 EL Butter
- 5 EL Grünkernschrot
- 3/4 l Gemüsebrühe
- 1/4 l halbtrockener Rheingauer Reisling
- 1 Ecke Sahneschmelzkäse (62,5 g)
- Salz
- Pfeffer aus der Mühle
- Muskatnuss
- Honig
- 2 Eigelb
- 200 g helle und dunkle Weintrauben

Zubereitung

Den hellen Teil der Frühlingszwiebeln klein schneiden. Die Butter schmelzen und die Zwiebeln darin weich schmoren. Grünkernschrot einstreuen und kurz mitrösten. Mit der heißen Gemüsebrühe ablöschen und 10 bis 15 Minuten sanft kochen lassen. Den Wein und den Schmelzkäse in Flöckchen dazugeben und erhitzen, bis der Käse geschmolzen ist. Die Suppe mit Salz, Pfeffer, frisch geriebener Muskatnuss und ein wenig Honig pikant abschmecken.

Die Eigelbe mit etwas heißer Suppe mischen und zurück in die Suppe gießen. Die Trauben waschen, halbieren, entkernen und in die Suppe geben. Noch einmal erhitzen, aber nicht mehr kochen lassen.

Radieschencremesuppe

Zutaten

- 1 Bund Frühlingszwiebeln
- 2 EL Butter
- 2 Bund Radieschen
- 3/4 l Gemüsebrühe
- 250 g Schmand
- Salz
- Pfeffer aus der Mühle
- 4 EL Schnittlauchröllchen

Zubereitung

Den hellen Teil der Frühlingszwiebeln klein schneiden. Die Butter erhitzen und die Zwiebeln darin weich schmoren. Die Radieschen putzen, 2 bis 3 dicke Exemplare grob raspeln und beiseite legen. Die anderen Radieschen grob hacken und mit der Brühe zu den Zwiebeln geben. 20 Minuten sanft kochen lassen. Den Schmand einrühren und die Suppe pürieren. Mit Salz und Pfeffer pikant abschmecken und mit Schnittlauch und den geraspelten Radieschen bestreuen.

Mangoldsuppe mit Tomaten und Ei

Zutaten

- 2 Schalotten
- 1 Knoblauchzehe
- 2 EL Butter
- 1 kg Mangold
- 1 l Gemüsebrühe
- 150 g süße Sahne
- Salz
- Pfeffer aus der Mühle
- Muskatnuss
- Zucker
- Zitronensaft
- 3 Tomaten
- 2 hart gekochte Eier
- 2 EL Olivenöl
- 40 g Parmesan

Zubereitung

Schalotten und Knoblauch abziehen und klein schneiden. Butter erhitzen und Zwiebeln und Knoblauch darin weich schmoren. Mangold putzen und waschen. Die Stängel klein schneiden, die grünen Blätter grob zerpflücken. Die Stängel mit den Zwiebeln und etwas Brühe weich schmoren. Die Brühe und die Blätter dazugeben und 5 Minuten kochen. Die Sahne angießen und die Suppe nicht zu fein pürieren. Mit Salz, Pfeffer, frisch geriebener Muskatnuss, etwas Zucker und ein wenig Zitronensaft pikant abschmecken.

Die Tomaten kurz in kochendes Wasser tauchen, häuten, entkernen und in schmale Streifen schneiden. Die Eier pellen und würfeln. Tomaten, Eier und Olivenöl verrühren. Den Parmesan in Scheiben hobeln. Tomatenmasse und Parmesan kurz vor dem Anrichten über die Suppe streuen.

Gurkensuppe mit gerösteten Pfifferlingen

Zutaten

- 2 große Schlangengurken
- 250 bis 350 ml Gemüsebrühe
- 200 g Schmand
- Salz
- Pfeffer aus der Mühle
- Zucker
- Zitronensaft
- 4 EL gehackter Dill
- 150 g kleine Pfifferlinge
- 2 EL Butter

Zubereitung

Die Gurken schälen, längs halbieren und entkernen. Eine halbe Gurke in kleine Würfelchen schneiden und beiseite legen. Restliche Gurken grob würfeln und in 250 ml Brühe 15 Minuten garen. Den Schmand einrühren und die Suppe pürieren. Evtl. noch etwas Brühe hinzufügen. Die Gurkenwürfel dazugeben und 2 Minuten kochen. Mit Salz, Pfeffer, Zucker, Zitronensaft und Dill abschmecken. Pilze putzen und in der Butter weich schmoren. Mit Salz würzen und über die Suppe streuen.

Süßkartoffelsuppe mit gebratenen Champignons

Zutaten

- 200 g Zwiebeln
- 1 Knoblauchzehe
- 4 EL Butter
- 500 g Süßkartoffeln
- 1 Bund Suppengrün
- 2 säuerliche Äpfel
- 1,2 l Gemüsebrühe
- 2 Lorbeerblätter
- Salz
- Pfeffer aus der Mühle
- Muskatnuss
- Apfelessig
- 125 g braune Champignons
- 2 EL Butter
- 4 EL gehackte Petersilie
- ein paar Apfelchips, nach Belieben

Zubereitung

Zwiebeln und Knoblauch abziehen und fein würfeln. Die Butter erhitzen und Zwiebeln und Knoblauch darin weich schmoren. Die Süßkartoffeln schälen und würfeln. Das Suppengrün putzen, bei Bedarf schälen und fein würfeln. Die Äpfel vierteln, schälen, entkernen und klein schneiden. Süßkartoffeln, Suppengrün und Äpfel mit der Brühe und den Lorbeerblättern zu den Zwiebeln geben und sanft 30 Minuten kochen. Die Suppe kräftig umrühren und mit Salz, Pfeffer, frisch geriebener Muskatnuss und Apfelessig pikant abschmecken.

Die Champignons putzen und in dünne Scheiben schneiden. Die Butter erhitzen und die Pilze darin rasch kräftig anbraten. Mit Salz, Pfeffer und gehackter Petersilie würzen und kurz vor dem Anrichten in die heiße Suppe streuen. Nach Belieben krosse Apfelchips zur Suppe servieren.

Graupensuppe

Zutaten

- 75 g Perlgraupen
- 4 Schalotten
- 2 Knoblauchzehen
- 2 EL Rapsöl
- 2 Möhren
- 1 Kohlrabi
- 2 Stangen Sellerie
- 1/4 Blumenkohl
- 1 Stange Lauch
- 2 Stiele Thymian
- 1 l Gemüse- oder Pilzbrühe
- 2 Lorbeerblätter
- 1 Bund glatte Petersilie
- Salz
- Rauchsalz
- Pfeffer aus der Mühle
- Muskatnuss
- 4 El saure Sahne

Zubereitung

Die Perlgraupen über Nacht in reichlich kaltem Wasser einweichen. Am nächsten Tag die Schalotten und den Knoblauch abziehen und fein würfeln. Das Öl erhitzen und Zwiebeln und Knoblauch darin weich, aber nicht braun schmoren. Möhren und Kohlrabi schälen. Möhren in Scheiben hobeln, Kohlrabi in kleine Stifte schneiden. Selleriestangen abfädeln und in dünne Scheibchen schneiden. Den Blumenkohl in kleine Röschen teilen. Den hellen Teil des Lauchs in 1 cm breite Scheiben schneiden. Die Thymianblätter von den Stielen zupfen.

Die Brühe mit den Lorbeerblättern zu den Zwiebeln geben. Abgegossene Graupen hinzufügen und 30 Minuten kochen. Zwischendurch öfter umrühren. Das Gemüse, außer Blumenkohl und Lauch, und den Thymian dazugeben und sanft 10 Minuten garen. Blumenkohl und Lauch zur Suppe geben und weitere 5 bis 8 Minuten kochen.

Die Petersilie grob hacken und mit der Suppe mischen. Mit Salz, Rauchsalz, Pfeffer und frisch geriebener Muskatnuss pikant abschmecken. Jeden Teller Suppe mit einem Klecks saurer Sahne anrichten.

Bei den Graupen, despektierlich auch als Kälberzähne bezeichnet, handelt es sich um geschälte und geschliffene Gerstenkörner in verschiedenen Größen.

Kalte Mandelcremesuppe

Zutaten

- 200 g Mandelblättchen
- 1/2 l Gemüsebrühe
- 250 g süße Sahne
- 1/4 l Milch
- 4 Mohnbrötchen
- 5 Knoblauchzehen
- Salz
- Pfeffer aus der Mühle
- Cayennepfeffer
- 2 Stück Orangenschale
- 2 Stück Zitronenschale
- 4 Stängel glatte Petersilie
- 125 g blaue Weintrauben

Zubereitung

Die Mandelblättchen in einer fettfreien Pfanne leicht rösten. Davon 2 bis 3 EL beiseite legen, die restlichen Mandeln fein mahlen. Die gemahlenen Mandeln mit der Gemüsebrühe und der Sahne mischen. Die Milch erwärmen. Die Brötchen in dünne Scheiben schneiden und mit der Milch begießen. Kurz durchziehen lassen. Die Knoblauchzehen abziehen und durch die Presse zur Mandelsuppe geben, die eingeweichten Brötchen hinzufügen und einmal aufkochen.

Die Suppe fein pürieren und mit Salz, Pfeffer und Cayennepfeffer pikant abschmecken. Die Zitrusschalen in sehr feine Streifchen schneiden und in ein wenig Wasser 2 Minuten kochen und abgießen. Die Petersilienblätter grob hacken und mit den Zitrusschalen mischen. Die Trauben halbieren und entkernen. Vor dem Anrichten in die Suppe einrühren und mit den Zitrusschalen und den zurückgelegten Mandelblättchen bestreuen.

Jogurtsuppe mit Grüner Soße

Zutaten

- 1 Packung Grüne Soße
- 1 Bund Rucola
- 1 rote Zwiebel
- 1 kleine Salzgurke
- 1/2 Apfel
- 2 EL Kapern
- 500 g Jogurt
- 200 g Schmand
- 1/4 l Buttermilch
- Zitronensaft
- Salz
- Pfeffer aus der Mühle
- Honig
- 1 TL eingelegte rote Pfefferkörner
- 2 hart gekochte Eier
- 4 Eiswürfel, nach Belieben

Zubereitung

Die Grüne Soße und die Rucolablätter putzen, bei Bedarf waschen und gut abtropfen lassen. Die Kräuter nach Belieben im Mixer zerkleinern oder fein bis mittelgrob hacken. Die Zwiebel abziehen und fein würfeln. Die Salzgurke und den geschälten und entkernten Apfel ebenfalls fein würfeln. Die Kapern nach Belieben ganz lassen und etwas klein hacken.

Den Jogurt mit Schmand und Buttermilch glatt rühren. Die zerkleinerten Kräuter, Rucola, Zwiebel-, Gurken- und Apfelwürfel sowie die Kapern dazugeben und alles miteinander mischen. Mit Zitronensaft, Salz, Pfeffer, etwas Honig und den eingelegten roten Pfefferkörnern pikant abschmecken. Die Suppe kühl stellen. Die Eier pellen und fein würfeln. Vor dem Anrichten die Eiswürfel in die Suppe legen und mit dem gehackten Ei bestreuen.

Roter Pfeffer wird auch als rosa Beeren bezeichnet. Sie stammen von einem Efeugewächs und sind nicht mit dem Pfefferstrauch verwandt. Es gibt sie gefriergetrocknet und eingelegt in Salzlake. Sie verleihen zahlreichen Speisen einen besonders aparten Geschmack.

Kalte Tomatensuppe mit Käseplätzchen

Zutaten

- 1 kg reife Tomaten
- 1 rote Paprikaschote
- 1 rote Zwiebel
- 2 Knoblauchzehen
- 4 EL Tomatenmark
- 2 EL Tomatenketschup
- Salz
- Pfeffer aus der Mühle
- Cayennepfeffer
- Zucker
- 2 bis 3 EL Zitronensaft
- 1 EL Worcestershiresoße
- 35 g Pinienkerne
- 1/2 gelbe Paprikaschote
- 4 Stiele Basilikum
- 50 g kernige Haferflocken
- 100 g geriebener Pecorino
- 1 kleines Eigelb
- 1 bis 2 EL Paniermehl
- 1/2 TL gehackte frische Rosmarinnadeln
- Rapsöl zum Braten

Zubereitung

Die Tomaten waschen und die Stielansätze wegschneiden. Die Früchte grob hacken. Die Paprikaschote putzen, Zwiebel und Knoblauch abziehen und grob hacken. Alles im Mixer pürieren und nach Belieben durch ein Sieb streichen.

Tomatenmark und Tomatenketschup einrühren. Die Suppe mit Salz, Pfeffer, Cayennepfeffer, Zucker, Zitronensaft und Worcestershiresoße pikant abschmecken. Die Suppe mindestens 3 Stunden kühl stellen.

Die Pinienkerne in einer fettfreien Pfanne leicht rösten. Die Paprikaschote putzen und in winzige Würfelchen schneiden. Pinienkerne und Paprikawürfel getrennt in Schälchen füllen. Basilikumblätter grob schneiden und über die Suppe streuen.

Für die Plätzchen die Haferflocken mit geriebenem Käse, Eigelb, Paniermehl und Rosmarinnadeln zu einer formbaren Masse verarbeiten, mit Salz und Pfeffer würzen. Den Teig 30 Minuten quellen lassen. Dann zwischen Frischhaltefolie etwa 3 mm dick ausrollen und kleine runde Plätzchen ausstechen. In heißem Öl knusprig braten.

Kapitel 5

Leicht, lecker und unübertroffen gut: Feine Suppen mit Fisch und Meeresfrüchten

Kerbelsuppe mit Lachsstreifen

Zutaten

- 100 g Schalotten
- 1 Knoblauchzehe
- 4 EL Butter
- 3 TL Mehl
- 1/8 l Rheingauer Riesling
- 3/4 l Fischbrühe
- 2 Tassen frischer Kerbel
- 200 g süße Sahne
- 250 g Lachsfilet
- Salz
- Pfeffer aus der Mühle
- Zitronensaft

Zubereitung

Die Schalotten und die Knoblauchzehe abziehen und sehr fein würfeln. Die Butter erhitzen und beides darin weich, aber nicht braun schmoren. Das Mehl einstreuen und kurz anrösten. Mit dem Wein ablöschen und 2 Minuten kochen. Die Brühe angießen, weitere 3 Minuten kochen.

Vom Kerbel ein paar Blätter für die Garnierung beiseite legen. Den Rest in der Hälfte der Sahne pürieren. Den anderen Teil der Sahne halb steif schlagen. Das Lachsfilet waschen, trockentupfen und in schmale Streifen schneiden. In der heißen Suppe 2 bis 3 Minuten gar ziehen lassen. Die Suppe mit Salz, Pfeffer und etwas Zitronensaft pikant abschmecken. Die Kerbelsahne einrühren und noch einmal kurz erwärmen, aber nicht mehr kochen lassen. Die angeschlagene Sahne einrühren und mit den zurückgelegten Kerbelblättchen bestreuen.

Lauchsuppe mit geräucherten Forellenfilets

Zutaten

- 2 Schalotten
- 2 Knoblauchzehen
- 1 TL getrockneter Majoran
- 2 EL Butter
- 1 kg Lauch
- 3/4 l Fischbrühe
- 4 EL süße Sahne
- 4 Eigelb
- Salz
- Pfeffer aus der Mühle
- Muskatnuss
- 2 geräucherte Forellenfilets
- 2 Stiele Estragon

Zubereitung

Schalotten und Knoblauch abziehen und fein würfeln. Beides mit dem Majoran mischen. Die Butter erhitzen und Zwiebeln und Knoblauch darin weich, aber nicht braun schmoren. Den Lauch putzen, nur den hellen Teil in sehr dünne Ringe schneiden und zu den Zwiebeln geben. Kurz mitrösten und mit der Fischbrühe ablöschen. Die Suppe 10 Minuten sanft kochen.

Die Sahne mit den Eigelben und etwas heißer Brühe mischen. In die Suppe gießen und erhitzen, aber nicht mehr kochen lassen. Die Suppe mit Salz, Pfeffer und frisch geriebener Muskatnuss pikant abschmecken.

Die Forellenfilets schräg in schmale Streifen schneiden und auf 4 Suppenteller verteilen. Die heiße Suppe darüber schöpfen und mit einigen klein gezupften Estragonblättern bestreuen.

Für eine besonders feine Suppe können Sie den gekochten Lauch auch durch ein feines Sieb streichen. Oder Sie fügen etwas mehr Sahne hinzu und pürieren die Suppe mit dem Mixstab.

93

Kartoffelsuppe mit Garnelen

Zutaten

- 4 bis 6 rohe Riesengarnelen ohne Kopf
- 2 Zwiebeln
- 2 Knoblauchzehen
- 2 EL Butter
- gut 1/2 l Garnelenbrühe oder Wasser
- 500 g mehlig kochende Kartoffeln
- 2 Lorbeerblätter
- 1 TL Dillsamen
- 200 g Schmand
- 1 Stück Zitronenschale
- Salz
- Pfeffer aus der Mühle
- 4 EL gehackter Dill

Zubereitung

Die Riesengarnelen aus dem Panzer brechen, am Rücken einschneiden und entdarmen. Garnelen und Panzer abspülen und trockentupfen. Zwiebeln und Knoblauch abziehen und fein würfeln. Beides mit den Garnelenschalen in der heißen Butter anschwitzen. Mit Brühe oder Wasser ablöschen und 4 Minuten sanft kochen lassen. Die Brühe durch ein Sieb in einen anderen Topf gießen und die Schalen dabei gut ausdrücken.

Die Kartoffeln schälen und würfeln. Etwa 1 Tasse wohl geformter Kartoffelwürfel in der Brühe mit den Lorbeerblättern und den Dillsamen garen, aber nicht zerfallen lassen. Die Kartoffelwürfel herausnehmen. Nun die restlichen Kartoffeln in der Brühe garen, Lorbeerblätter entfernen und die Suppe pürieren. Die Garnelen quer in kleine Stücke schneiden. Kartoffelwürfel, Garnelen, Schmand und Zitronenschale einrühren und die Suppe einmal aufkochen lassen. Mit Salz, Pfeffer und Dill pikant abschmecken. Die Zitronenschale vor dem Servieren entfernen.

Muschelsuppe

Zutaten

- 2 Zwiebeln
- 2 Knoblauchzehen
- 4 Lorbeerblätter
- 1 Stück Zitronenschale
- 1/4 l Apfelwein
- 1,5 kg Miesmuscheln
- 3 Stangen Sellerie
- 1 Möhre
- 2 Stangen Lauch
- 4 EL Butter
- 1 EL Mehl
- 3/4 l Fischbrühe
- 2 Eigelb
- Salz
- Pfeffer aus der Mühle
- 1 Bund Dill

Zubereitung

Zwiebeln und Knoblauch abziehen. Mit den Lorbeerblättern, Zitronenschale und Apfelwein zum Kochen bringen. Die Muscheln abbürsten, Bärte abziehen. Die Muscheln zum Apfelwein geben und im geschlossenen Topf 3 bis 5 Minuten garen. Zwischendurch öfter schütteln. Die geöffneten Muscheln mit einer Schöpfkelle herausnehmen und das Fleisch aus den Schalen lösen. Die Garflüssigkeit durch ein Sieb in einen anderen Topf gießen.

Selleriestangen abfädeln und klein schneiden. Die Möhre schälen und in dünne Scheiben hobeln. Vom Lauch nur den hellen Teil in feine Ringe schneiden. Möhren und Sellerie in der heißen Butter kurz anschwitzen. Mehl einstreuen und 1 Minute mitrösten. Mit der heißen Fischbrühe ablöschen. Den Lauch mit der abgegossenen Garflüssigkeit dazugeben und 5 Minuten kochen. Die Eigelbe mit etwas heißer Brühe verrühren und in die heiße, nicht mehr kochende Suppe gießen. Mit Salz, Pfeffer und grob gezupften Dillspitzen abschmecken. Zum Schluss das Muschelfleisch in die Suppe geben und kurz erwärmen.

Muscheln, die vor dem Kochen geöffnet sind, bitte wegwerfen, ebenso Muscheln, die nach dem Kochen noch geschlossen sind. In beiden Fällen sind die Muscheln verdorben und dürfen auf keinen Fall verzehrt werden.

Zucchinisuppe mit Rotbarsch und Garnelen

Zutaten

- 2 Schalotten
- 1 Knoblauchzehe
- 4 EL Butter
- 5 EL Langkornreis
- 1 l Garnelenbrühe
- 500 g Zucchini
- 2 Lorbeerblätter
- 1 rote Chilischote
- 250 g Tomaten
- 250 g Rotbarschfilet
- 200 g gegarte Tiefseegarnelen
- Salz
- Pfeffer aus der Mühle
- 2 EL gehackter Dill
- 2 EL gehackte Petersilie

Zubereitung

Schalotten und Knoblauch abziehen und fein würfeln. Die Butter erhitzen und Zwiebeln und Knoblauch darin weich, aber nicht braun schmoren. Den Reis waschen, gut abtropfen lassen und kurz mit den Zwiebeln anschwitzen. Die heiße Brühe dazugießen und den Reis 10 Minuten garen.

Die Zucchini putzen, waschen und je nach Größe ganz lassen oder längs halbieren oder vierteln. Die Zucchini in kleine Stücke oder Scheiben schneiden. Mit den Lorbeerblättern und der aufgeschlitzten Chilischote zum Reis geben. Die Suppe weitere 5 Minuten kochen.

Die Tomaten kurz in kochendes Wasser tauchen, häuten, entkernen und in Spalten schneiden. Den Fisch abspülen, trockentupfen und in mundgerechte Stücke schneiden. Tomaten und Fischwürfel in der heißen Suppe 5 Minuten gar ziehen lassen. Die Garnelen dazugeben und noch einmal aufkochen. Die Suppe mit Salz, Pfeffer und den Kräutern pikant abschmecken. Lorbeerblätter und Chilischote vor dem Anrichten entfernen.

Sauerkrautsuppe mit Mainzander

Zutaten

- 200 g Schalotten
- 1 Knoblauchzehe
- 4 EL Butter
- 1 l Fischbrühe
- 350 g Fasssauerkraut
- 2 Lorbeerblätter
- 1/8 l Apfelwein
- Salz
- Pfeffer aus der Mühle
- Zucker
- 300 g fest kochende Kartoffeln
- 100 g süße Sahne
- 1 EL Paprikapulver
- 400 g Zanderfilet
- 4 EL gehackte Petersilie

Zubereitung

Schalotten und Knoblauch abziehen und fein würfeln. Die Butter erhitzen und beides darin weich, aber nicht braun schmoren. Mit der Fischbrühe ablöschen und aufkochen. Das Sauerkraut grob hacken und in der Brühe 15 Minuten mit den Lorbeerblättern kochen. Den Apfelwein angießen und die Suppe mit Salz und Pfeffer und etwas Zucker pikant abschmecken.

Die Kartoffeln schälen und in 1 cm große Würfel schneiden. Die Kartoffeln in etwas Salzwasser garen, abgießen und zur Suppe geben. Die Sahne mit dem Paprikapulver mischen und dazugießen. Die Suppe noch einmal mit Salz und Pfeffer abschmecken.

Das Zanderfilet abspülen, trockentupfen und in mundgerechte Stücke schneiden. In der heißen Suppe 3 bis 4 Minuten gar ziehen lassen. Vor dem Anrichten mit der Petersilie bestreuen.

Fischsuppe mit Bohnen und Tomaten

Zutaten

- 500 g fest kochende Kartoffeln
- 200 g grüne Bohnen
- 175 g Wachsbohnen
- 400 g reife, aber feste Tomaten
- 200 g Schalotten
- 1 Knoblauchzehe
- 2 EL Rapsöl
- 1 l Fischbrühe
- 1 kleine Dose Maiskörner
- Salz
- Pfeffer aus der Mühle
- Cayennepfeffer
- 750 g Fischfilets (Rotbarsch, Seelachs, Seeteufel, Kabeljau, Heilbutt)
- 1/2 Bund frisches Bohnenkraut

Zubereitung

Die Kartoffeln schälen und in knapp 2 cm große Würfel schneiden. Die Bohnen putzen und je nach Größe ein- bis zweimal durchbrechen. Die Tomaten kurz in kochendes Wasser tauchen, häuten, entkernen und in Spalten schneiden. Schalotten und Knoblauch abziehen und klein schneiden. Das Öl erhitzen und Zwiebeln und Knoblauch darin weich, aber nicht braun schmoren.

Mit der Brühe ablöschen und zum Kochen bringen. Kartoffeln und Bohnen in der Brühe 12 Minuten garen. Die Maiskörner abgießen und in der Suppe 3 Minuten mitkochen. Die Suppe mit Salz, Pfeffer und etwas Cayennepfeffer pikant abschmecken.

Die Fischfilets abspülen, trockentupfen und in mundgerechte Stücke teilen. In der heißen, nicht kochenden Suppe 5 bis 7 Minuten gar ziehen lassen. Das Bohnenkraut von den Stielen zupfen und mit den Tomatenspalten in die heiße Suppe einrühren.

Sellerie-Kartoffel-Suppe mit Kabeljau

Zutaten

- 250 g Zwiebeln
- 2 Knoblauchzehen
- 4 EL Rapsöl
- 1 EL Tomatenmark
- 1 große Dose geschälte Tomaten
- 5 Stangen Sellerie
- 500 g fest kochende Kartoffeln
- 2 Lorbeerblätter
- 6 EL Noilly Prat (weißer Wermut)
- 1/4 l Fischbrühe
- Salz
- Pfeffer aus der Mühle
- Zitronensaft
- Zucker
- 750 g Kabeljaufilet
- 125 g Frühstücksspeck (Bacon)
- 1 EL Butter
- 4 EL gehackte Petersilie

Zubereitung

Zwiebeln und Knoblauch abziehen und fein würfeln. Das Öl erhitzen und beides darin weich, aber nicht braun schmoren. Das Tomatenmark einrühren und kurz mitrösten. Die geschälten Tomaten mit ihrem Saft dazugießen und aufkochen.

Selleriestangen abfädeln und in dünne Scheibchen schneiden. Kartoffeln schälen und in 1 cm große Würfel schneiden. Sellerie, Kartoffeln, Lorbeerblätter, Noilly Prat und Fischbrühe zu den Tomaten geben und offen 15 Minuten kochen.

Die Suppe mit Salz, Pfeffer, Zitronensaft und Zucker pikant abschmecken. Das Kabeljaufilet abspülen, trockentupfen und in mundgerechte Stücke schneiden. In der heißen, nicht mehr kochenden Suppe 5 bis 8 Minuten gar ziehen lassen.

Den Bacon in einer Pfanne mit der Butter langsam knusprig braten. Lorbeerblätter aus der Suppe entfernen. Den krossen Bacon zur heißen Suppe geben und mit gehackter Petersilie bestreuen.

Spitzkohlsuppe mit Karpfen

Zutaten

- 2 Zwiebeln
- 1 Knoblauchzehe
- 2 EL Butter
- 500 g Spitzkohl
- 1 dicke Möhre
- 400 g fest kochende Kartoffeln
- 1 l Gemüsebrühe
- 100 g Schmand
- Salz
- Pfeffer aus der Mühle
- Muskatnuss
- 500 g Karpfenfilets

Zubereitung

Zwiebeln und Knoblauch abziehen und fein würfeln. Die Butter erhitzen und beides darin weich, aber nicht braun schmoren. Den Kohl halbieren, äußere Blätter und Strunk entfernen. Den Kohl in dünne Streifen hobeln. Die Möhre schälen und in streichholzgroße Stifte schneiden. Die Kartoffeln schälen und in 1 cm große Würfel schneiden.

Die Gemüsebrühe zu den Zwiebeln gießen. Kartoffeln und Möhren darin 10 Minuten garen. Spitzkohl hinzufügen und 8 Minuten kochen.

Den Schmand in die Suppe rühren und mit Salz, Pfeffer und frisch geriebener Muskatnuss pikant abschmecken. Das Karpfenfilet abspülen, trockentupfen und in mundgerechte Stücke schneiden. In die heiße Suppe geben und 5 bis 8 Minuten gar ziehen lassen. Die Suppe noch einmal mit Salz und Pfeffer abschmecken.

In guten Fischgeschäften wird man Ihnen auf Wunsch den Karpfen filettieren. Die Haut kann vor oder nach dem Garen entfernt werden. Oder Sie garen einen 1 kg schweren Karpfen in Salzwasser, lassen ihn leicht abkühlen und zerlegen den Fisch in grätenfreie mundgerechte Stücke. In der heißen Suppe nur noch einmal kurz erhitzen.

Blumenkohl-Brokkoli-Suppe mit Wels

Zutaten

- 1 l Fischbrühe
- 1 Päckchen holländische Soße (Pulver)
- 100 g Schmand
- 1 kleiner Blumenkohl
- 500 g Brokkoli
- 1 Döschen Safranpulver
- Salz
- Pfeffer aus der Mühle
- Muskatnuss
- 1 Bio-Zitrone
- 500 g Welsfilet
- 3 Scheiben Toastbrot
- 3 EL Butter
- 4 EL Schnittlauchröllchen

Zubereitung

Etwa 350 ml Fischbrühe erwärmen. Das Soßenpulver einrühren und einmal aufkochen. Den Schmand dazugeben und beiseite stellen. Die restliche Brühe zum Kochen bringen. Den Blumenkohl und den Brokkoli in kleine Röschen teilen und in der heißen Brühe garen. Die angerührte Brühe mit dem Safranpulver mischen und zum Gemüse geben.

Die Suppe gut umrühren und mit Salz, Pfeffer und frisch geriebener Muskatnuss würzen. Die Zitronen heiß waschen, trockenreiben und etwas Schale zur Suppe reiben. Eine halbe Frucht auspressen und die Suppe damit abschmecken.

Das Welsfilet waschen, trockenreiben und in mundgerechte Stücke schneiden. Nun mit ein wenig Zitronensaft beträufeln, mit Salz würzen und in der heißen Suppe 5 bis 8 Minuten gar ziehen lassen.

Das Toastbrot in jeweils 3 Streifen schneiden und in der heißen Butter beidseitig goldgelb braten, salzen und mit Schnittlauch bestreuen. Die Butterfinger heiß zur Suppe reichen.

Reissuppe mit Spinat und
Lachs-Garnelen-Bällchen

Zutaten

- 2 Schalotten
- 1 Knoblauchzehe
- 2 EL Butter
- 200 g Lachsfilet
- 2 rohe Riesengarnelen
- 1 kleines Eiweiß
- 2 bis 3 EL zarte Haferflocken
- Salz
- Pfeffer aus der Mühle
- etwas geriebene Zitronenschale
- 1/2 TL Curry
- Butterschmalz zum Braten
- 1 l Hühnerbrühe
- 500 g zarter Blattspinat
- Muskatnuss
- 75 g Basmatireis

Zubereitung

Schalotten und Knoblauch abziehen und fein würfeln. Die Butter schmelzen und beides darin weich, aber nicht braun schmoren.

Das Lachsfilet grob würfeln. Die Garnelen aus dem Panzer brechen, am Rücken einschneiden und entdarmen. Die Garnelen ebenfalls grob würfeln und mit dem Lachs 20 Minuten im Tiefkühlgerät anfrieren lassen. Dann mit dem Eiweiß pürieren und mit den zarten Haferflocken zu einer formbaren Masse verarbeiten. Mit Salz, Pfeffer, etwas geriebener Zitronenschale und Curry abschmecken.

Reichlich Butterschmalz in einer Pfanne erhitzen. Zwei Esslöffel ins Fett tauchen und von der Masse Bällchen abstechen. In dem heißen Fett rundherum 2 bis 3 Minuten braten. Auf Küchenpapier entfetten.

Die Hühnerbrühe zu den Schalotten gießen und zum Kochen bringen. Den Spinat putzen, waschen und gut abtropfen lassen. In die heiße Brühe geben und einmal aufkochen lassen. Die Suppe mit Salz, Pfeffer und frisch geriebener Muskatnuss pikant abschmecken. Den Reis waschen und in reichlich Salzwasser garen, abgießen und mit den Bällchen zur Suppe geben. Die Suppe noch einmal aufkochen lassen.

Nudelsuppe mit Pilzen und Seeteufel

Zutaten

- 200 g braune Champignons
- 2 EL Butter
- 350 g Tomaten
- 1 l Garnelenbrühe
- 1 Stange Lauch
- 650 g Seeteufel
- 75 g Suppennudeln
- Salz
- Pfeffer aus der Mühle
- 4 Stiele Basilikum

Zubereitung

Die Champignons putzen und je nach Größe halbieren oder vierteln. Die Butter erhitzen und die Pilze darin 3 Minuten schmoren und auf einem Teller beiseite legen. Die Tomaten kurz in kochendes Wasser tauchen, häuten, entkernen und nicht zu klein würfeln. Die Tomatenwürfel mit den Champignons mischen.

Die Brühe zum Kochen bringen. Den hellen Teil des Lauchs in feine Ringe schneiden. Den Fisch waschen, trockentupfen und mit dem Lauch in der Brühe 10 bis 15 Minuten garen. Den Fisch herausnehmen und in mundgerechte Stücke schneiden.

Die Nudeln in reichlich Salzwasser garen und abgießen. Champignons, Tomaten, Fischstücke und Nudeln in die Suppe geben und zum Kochen bringen. Mit Salz und Pfeffer abschmecken. Die Basilikumblätter von den Stielen zupfen und in Streifen schneiden. Vor dem Anrichten über die Suppe streuen.

Klare Spargelsuppe mit Lachsnocken

Zutaten

- 1 Bund Frühlingszwiebeln
- 2 EL Butter
- 1 kg Grünspargel
- 150 g tiefgefrorene Erbsen
- 1 l Hühnerbrühe
- 1 Zitronenscheibe
- Salz
- Pfeffer aus der Mühle
- Muskatnuss
- 300 g Lachsfilet
- 1 Eiweiß
- 100 bis 150 g süße Sahne
- 1 EL gehackte Dillspitzen

Zubereitung

Den hellen Teil der Frühlingszwiebeln klein schneiden. Den dunklen Teil in feine Röllchen schneiden und beiseite legen. Die Butter schmelzen und die Zwiebeln darin weich, aber nicht braun schmoren.

Den Spargel putzen, schälen und schräg in etwa 2 cm große Stücke schneiden. Spargelköpfe beiseite legen. Spargelabschnitte und Erbsen mit der Brühe und der Zitronenscheibe zu den Zwiebeln geben und das Gemüse 10 Minuten kochen. Die Spargelköpfe dazugeben und weitere 8 Minuten garen. Die Suppe mit Salz, Pfeffer und frisch geriebener Muskatnuss pikant abschmecken.

Das Lachsfilet grob würfeln und mit dem Eiweiß 20 Minuten im Tiefkühlgerät anfrieren lassen. Zunächst 100 g kalte Sahne dazugießen und im Blitzhacker oder mit dem Pürierstab rasch zu einer homogenen Masse pürieren. Bei Bedarf noch etwas kalte Sahne dazugießen. Die Masse mit Salz, Pfeffer und Dill abschmecken. Reichlich Salzwasser zum Kochen bringen. Mit zwei Esslöffeln Nocken formen und in dem Wasser 3 bis 5 Minuten gar ziehen lassen. Die Nocken auf Suppenteller verteilen und die heiße Suppe darüber schöpfen. Mit dem zurückgelegten Zwiebelgrün bestreuen.

Linsensuppe mit Spessartforelle

Zutaten

- 175 g Puy-Linsen
- 1 geräucherte Spessartforelle
- 1 Bund Frühlingszwiebeln
- 1 Bund Suppengrün
- 3 Stangen Sellerie
- 500 g fest kochende Kartoffeln
- 2 EL Rapsöl
- 1/8 l Apfelwein
- 3/4 l Rauchfleischbrühe
- 200 g Schmand
- Salz
- Pfeffer aus der Mühle
- 4 EL gehackte Petersilie

Zubereitung

Die Linsen abspülen und 2 bis 6 Stunden in reichlich kaltem Wasser einweichen. Die Forelle häuten, entgräten und die beiden Filets in mundgerechte Stücke schneiden und beiseite legen. Den hellen Teil der Frühlingszwiebeln klein schneiden. Suppengrün putzen, bei Bedarf schälen und fein würfeln. Die Selleriestangen abfädeln und in dünne Scheibchen schneiden. Die Kartoffeln schälen und würfeln.

Das Öl erhitzen und Frühlingszwiebeln, Suppengrün, Sellerie und Kartoffeln darin anschwitzen. Mit dem Apfelwein ablöschen. Die Forellenhaut, die abgegossenen Linsen und die Brühe dazugeben und die Suppe 20 bis 30 Minuten kochen, bis die Linsen weich sind.

Die Forellenhaut entfernen, den Schmand einrühren und die Suppe mit Salz und Pfeffer pikant abschmecken. Die klein geschnittenen Forellenfilets und die Petersilie dazugeben.

Kapitel 6

Frisch und fruchtig:
Süße Suppenkreationen

Erdbeerkaltschale mit Apfelschaumwein und heißen Vanillekringeln

Zutaten

- 1 kg Erdbeeren
- 100 g feiner Zucker
- 1 Bio-Zitrone
- 200 bis 250 ml Apfelschaumwein
- 250 g Mehl
- 12 g frische Hefe
- 1 TL Zucker
- 100 ml lauwarme Milch
- 1 Päckchen Vanillezucker
- 2 Messerspitzen Salz
- 1 Ei
- 1 Eigelb
- Butterschmalz zum Ausbacken
- Puderzucker zum Bestäuben

Zubereitung

Die Erdbeeren waschen, putzen und gut abtropfen lassen. Etwa 150 g schöne Früchte beiseite legen. Die restlichen Erdbeeren grob würfeln und mit dem Zucker mischen. 1 Stunde ziehen lassen. Dann die Früchte pürieren. Die Zitrone heiß waschen, trockenreiben und etwas Schale zum Erdbeerpüree reiben. Die Frucht auspressen und das Beerenpüree damit abschmecken. Die restlichen Erdbeeren fein würfeln und in die Suppe einrühren. Kurz vor dem Anrichten den gut gekühlten Apfelschaumwein einrühren und sofort anrichten.

Für die Kringel das Mehl in eine Schüssel sieben. Mit einem Löffel eine Mulde drücken und die Hefe hineinbröckeln. Etwas Zucker darüber streuen und die Hefe mit etwas lauwarmer Milch glatt rühren. Die Schüssel abdecken und 10 Minuten beiseite stellen. Restlichen Zucker mit Vanillezucker, Salz und dem Ei und Eigelb verrühren, übers Mehl gießen und alles zu einem glatten halbflüssigen Teig verarbeiten. Bei Bedarf noch etwas Milch dazugeben. Den Teig zugedeckt 45 Minuten ruhen lassen. Reichlich Butterschmalz erhitzen. Den Teig nach und nach in einen Spritzbeutel mit glatter Tülle füllen und handtellergroße Kringel ins Fett spritzen. Beidseitig goldgelb frittieren und auf Küchenpapier entfetten. Vor dem Anrichten mit Puderzucker bestäuben.

Sommerliche Beerenkaltschale

Zutaten

- 3 Blatt rote Gelatine
- 200 g Himbeeren
- 200 g Erdbeeren
- 150 g Brombeeren
- 200 g rote Johannisbeeren
- 3/4 l roter oder schwarzer Johannisbeersaft
- 75 bis 100 g Zucker
- 200 g süße Sahne
- 200 ml Milch
- 1 Päckchen Vanillezucker
- 3 EL Zucker

Zubereitung

Die Gelatine 10 Minuten in reichlich kaltem Wasser einweichen. Himbeeren verlesen, Erdbeeren, Brombeeren und Johannisbeeren waschen und putzen.

Erdbeeren je nach Größe halbieren oder vierteln. 4 schöne Johannisbeerrispen für die Garnierung beiseite legen.

Die Gelatine gut ausdrücken und in etwas Saft bei milder Hitze verflüssigen. Etwas kühlen Saft einrühren und mit dem restlichen Saft und dem Zucker mischen. Alle Früchte bis auf die Johannisbeerrispen dazugeben und kalt stellen.

Die Sahne mit der Milch, dem Vanillezucker und dem Zucker mischen und ebenfalls kühl stellen. Die Kaltschale vor dem Anrichten grob durchrühren und mit den zurückgelegten Johannisbeerrispen garnieren. Die Sahnemilch mit dem Pürierstab ein wenig schaumig aufschlagen und getrennt zur Kaltschale reichen.

Melonensuppe mit beschwipsten Rosinen

Zutaten

- 75 g Rosinen
- 6 EL Apfelschnaps
- 5 EL Mandelblättchen
- 2 EL Zucker
- 1 TL Butter
- etwas Öl
- 2 Honigmelonen
- 1 bis 2 Bio-Zitronen
- 1 Bio-Orange
- 2 bis 4 EL Orangenblütenhonig
- Apfelschaumwein
- 2 Stiele Pfefferminze

Zubereitung

Die Rosinen mit dem Apfelschnaps begießen und am besten über Nacht durchziehen lassen. Die Mandelblättchen in einer fettfreien Pfanne goldgelb rösten, Zucker und Butter dazugeben und schmelzen lassen. Einen Teller dünn mit etwas Öl bestreichen und die karamellisierten Mandeln darauf geben und fest werden lassen, dann zerstoßen.

Die Honigmelonen vierteln, schälen, Fasern und Kerne entfernen. Von einer Frucht mit einem Kugelausstecher Kugeln formen oder drei Viertel einer Melone fein würfeln. Das restliche Melonenfleisch klein schneiden und pürieren.

1 Zitrone und die Orange heiß waschen, trockenreiben und von 1 Zitrone und der Orange etwas Schale zum Melonenpüree reiben. Zunächst 1 Zitrone und die Orange auspressen und mit dem Saft das Melonenpüree pikant abschmecken. Bei Bedarf auch die andere Zitrone auspressen und den Saft zur Melonensuppe geben.

Die Melonensuppe mit Honig süßen, die Melonenkugeln oder -würfel und die beschwipsten Rosinen einrühren und die Suppe kalt stellen. Vor dem Anrichten die Suppe mit etwas gut gekühltem Apfelschaumwein mischen. Minzeblätter von den Stielen zupfen und mit dem Mandelkrokant über die Melonensuppe streuen.

Frauensteiner Kirschsuppe mit Mohnklößchen

Zutaten

- 750 g Sauerkirschen
- 3/4 l Wasser oder Kirschsaft
- 1 Zimtstange
- 1 Stück Zitronenschale
- 1 Gewürznelke
- 100 bis 125 g Zucker
- 3 TL Speisestärke
- 50 g weiche Butter
- 1 Ei
- Salz
- 75 g Hartweizengrieß
- 2 EL gemahlener Mohn
- 2 EL Zucker
- etwas geriebene Zitronenschale

Zubereitung

Die Kirschen waschen, entstielen und entkernen. Den dabei entstehenden Saft auffangen und mit dem Wasser und den Kirschen, der Zimtstange, der Zitronenschale und der Gewürznelke 10 Minuten kochen. Mit Zucker süßen.

Die Speisestärke mit etwas kaltem Wasser glatt rühren und in die Suppe gießen. Einmal aufkochen und abkühlen lassen. Im Kühlschrank durchkühlen. Die festen Gewürze aus der Suppe entfernen.

Für die Klößchen die Butter schaumig rühren. Ei, 1 Prise Salz, Grieß, Mohn, Zucker und etwas geriebene Zitronenschale einrühren und 1 Stunde kühl stellen. Einen Topf mit Salzwasser zum Kochen bringen. Mit zwei Teelöffeln von der Grießmasse kleine Klößchen abstechen und in dem siedenden Wasser 8 bis 10 Minuten garen. Lauwarm zur kalten Kirschsuppe servieren.

Wenn Sie keine Mohnmühle besitzen, lassen Sie sich die Mohnsamen im Feinkostgeschäft mahlen. Er hält sich im Tiefkühlgerät 3 bis 4 Monate frisch und kann immer leicht entnommen werden. Eine gesüßte Mohnzubereitung (Mohn-back) finden Sie im Supermarkt bei den Backzutaten. Bei Verwendung von Mohn-back weniger Zucker für die Klößchen verwenden.

Blaubeersuppe mit Baiserküsschen

• Zutaten

- 500 g Blaubeeren
- 650 ml Wasser
- 1 Zimtstange
- 75 bis 100 g Zucker
- 1 EL Speisestärke
- 2 bis 3 EL Zitronensaft
- 2 Eiweiß
- Salz
- 125 g feiner Zucker
- 1/2 TL Speisestärke
- 150 g süße Sahne

Zubereitung

Die Blaubeeren verlesen, waschen und gut abtropfen lassen. Die Beeren mit dem Wasser, der Zimtstange und dem Zucker 8 Minuten kochen. Die Speisestärke mit etwas kaltem Wasser glatt rühren, in die Suppe gießen und einmal aufkochen. Die Suppe abkühlen lassen, evtl. etwas nachsüßen und mit Zitronensaft abschmecken. Die festen Gewürze entfernen. Die Blaubeersuppe in den Kühlschrank stellen.

Für die Baisers das Eiweiß halb steif schlagen. Etwas Salz, Zucker und Speisestärke dazugeben und das Eiweiß steif schlagen. Ein Backblech mit Backpapier auslegen. Den Eischnee in einen Spritzbeutel mit Sterntülle füllen und kleine Tupfen aufs Backblech spritzen. Die Baisers im 90 Grad heißen Backofen etwa 1 Stunde trocknen lassen. Sie dürfen innen noch etwas weich sein. Die Blaubeersuppe auf tiefe Teller schöpfen. Die Sahne in dünnem Strahl darüber träufeln und locker mischen. Die Baisers schwimmend auf der Suppe oder getrennt dazu reichen.

Holunderbeersuppe mit Schneebällchen

Zutaten

- 750 g Holunderbeeren
- 3/4 l Wasser
- 1 Apfel
- 1 Birne
- 1 Zimtstange
- 1 Sternanis
- 1 Gewürznelke
- 1 Stück Zitronenschale
- 4 bis 5 EL Zucker
- 1 EL Speisestärke
- etwas Zitronensaft
- 1 Eiweiß
- 1 EL Puderzucker
- Salz

Zubereitung

Holunderbeeren waschen, von Stielen und Stängeln befreien, grüne und hellviolette Beeren entfernen. Mit dem Wasser 30 Minuten offen sanft kochen lassen. Die Holunderbeeren mit dem Saft durch ein Sieb in einen anderen Topf gießen und auf 1 l einkochen.

Apfel und Birne vierteln, schälen, entkernen und in kleine, gleich große Würfel schneiden. Die Fruchtwürfel mit Zimtstange, Sternanis, Gewürznelke, dem Stück Zitronenschale und Zucker in dem Saft offen 5 Minuten kochen.

Die Speisestärke mit etwas kaltem Wasser anrühren und in die heiße Suppe rühren. Einmal aufkochen und abkühlen lassen. Die Suppe mit Zucker und Zitronensaft abschmecken. Nach Belieben in den Kühlschrank stellen.

Das Eiweiß halb steif schlagen. Den Puderzucker dazugeben und steif schlagen. Einen Topf mit Salzwasser zum Kochen bringen. Mit einem Esslöffel vom Eischnee Klößchen abstechen und im geschlossenen Topf 8 bis 10 Minuten gar ziehen lassen. Die Bällchen auf der Suppe anrichten.

Holunderbeeren nur in einer möglichst unbelasteten Umwelt ernten. Die schwarzen Beeren nie roh verzehren, Blätter, Stiele, Stängel, Samen und unreife, hellviolette Beeren können Erbrechen, Übelkeit und Benommenheit hervorrufen.

Rhabarberkaltschale

Zutaten

- 500 g Rhabarber
- 1/2 l Wasser
- 1/8 l Johannisbeersaft
- 1 Zimtstange
- 100 bis 125 g Zucker
- 1 EL Speisestärke
- 200 g Erdbeeren
- 2 EL Puderzucker
- etwas Zitronensaft
- 200 g süße Sahne
- 1 Päckchen Vanillezucker

Zubereitung

Rhabarber waschen, putzen und je nach Dicke ganz lassen oder längs einmal durchschneiden. Die Rhababerstangen schräg in 3 cm große Stücke schneiden. Das Wasser und den Johannisbeersaft zum Kochen bringen. Rhabarber und Zimtstange hinzufügen und sanft 8 bis 10 Minuten garen. Mit Zucker süß abschmecken.

Die Speisestärke mit etwas kaltem Wasser glatt rühren und in die Suppe gießen. Einmal aufkochen und dann abkühlen lassen. Die festen Gewürze entfernen und die Suppe in den Kühlschrank stellen.

Die Erdbeeren waschen, gut abtropfen lassen, putzen und längs in dünne Scheiben schneiden. Mit dem Puderzucker bestäuben und mit etwas Zitronensaft aromatisieren. Die Sahne mit dem Vanillezucker halb steif schlagen. Die Kaltschale in tiefen Tellern anrichten, die Sahne in die Mitte geben und mit Erdbeeren garnieren.

Süße Nudelsuppe mit Zimtzucker

Zutaten

- 3/4 l Milch
- 1/4 l süße Sahne
- 1 Vanilleschote
- 4 bis 5 EL Zucker
- 1 Prise Salz
- 2 Stück Würfelzucker
- 1 Bio-Orange
- 1 Bio-Zitrone
- 75 g kleine Suppennudeln
- 6 EL feiner Zucker
- 1 bis 2 TL Zimt

Zubereitung

Milch und Sahne zum Kochen bringen. Die Vanilleschote längs aufschneiden, das Mark herausschaben. Beides mit etwas Salz sowie Zucker zur Milch geben. Jeweils 1 Stück Würfelzucker an 1 Orange und 1 Zitrone reiben und ebenfalls zur Milch geben. Die Nudeln in der kochenden Milch garen. Bei Bedarf nachsüßen und die festen Gewürze entfernen. Den Zucker mit dem Zimt mischen und getrennt zur süßen Nudelsuppe reichen.

Grießsuppe mit Karamellsoße

Zutaten

- 4 EL Mandelblättchen
- 1 l Milch
- 1 Vanilleschote
- 1 Stück Zitronenschale
- 35 g Weichweizengrieß
- 4 bis 5 EL Zucker
- 1 Ei
- 1 Prise Salz
- 75 g Zucker
- ca. 1/8 l Wasser

Zubereitung

Die Mandelblättchen in einer fettfreien Pfanne goldgelb rösten und beiseite legen. Die Milch zum Kochen bringen. Die Vanilleschote längs aufschneiden und das Mark herausschaben. Schote und Mark mit dem Stück Zitronenschale in die Milch geben. Den Grieß einrieseln lassen und einmal aufkochen. Mit dem Zucker süßen.

Das Ei trennen. Das Eigelb mit der heißen, nicht mehr kochenden Suppe verrühren. Das Eiweiß mit etwas Salz steif schlagen und unter die heiße Suppe heben.

Für die Soße den Zucker zu einem hellen Karamell schmelzen. Das Wasser dazugießen (Vorsicht: Es schäumt!) und so lange erhitzen, bis sich der Karamell wieder gelöst hat. Evtl. noch etwas Wasser nachgießen. Die Suppe in tiefe Teller schöpfen, mit den Mandeln bestreuen und die Karamellsoße darüber träufeln.

Haferflockensuppe mit brauner Butter

Zutaten

- 1 l Milch
- 1 Vanilleschote
- 1 Prise Salz
- 50 g Haferflocken
- 4 bis 5 EL Zucker
- 75 g Butter

Zubereitung

Die Milch zum Kochen bringen. Die Vanilleschote aufschlitzen und mit dem Salz zur Milch geben. Die Haferflocken einstreuen und 10 bis 12 Minuten kochen. Die Suppe mit Zucker süßen und die Vanilleschote entfernen.

Die Butter hell bräunen. Die Suppe in tiefe Teller schöpfen und die braune Butter in die Mitte träufeln.

Reissuppe mit Limettensirup

Zutaten

- 3/4 l Milch
- 200 g süße Sahne
- 1 Vanilleschote
- 1 kirschgroßes Stück frischer Ingwer
- 75 g Zucker
- 75 g Milchreis
- 1 Limette
- 75 g Zucker
- 1 Pfirsich
- 125 g Himbeeren
- 125 g Blaubeeren

Zubereitung

Die Milch mit der Sahne zum Kochen bringen. Die Vanilleschote längs aufschneiden, das Mark herausschaben und mit der Schote zur Milchmischung geben. Das Stück Ingwer schälen und mit dem Zucker und dem Reis dazugeben und bei milder Hitze 20 bis 30 Minuten ausquellen lassen, bis der Reis weich ist.

Für den Sirup die Limette heiß waschen, trockenreiben und die Schale abreiben. Die Frucht auspressen und mit dem Zucker und der abgeriebenen Schale zu einem hellen Sirup kochen.

Den Pfirsich halbieren, die Haut abziehen und den Kern entfernen. Die Pfirsichhälften in dünne Spalten schneiden. Die Beeren verlesen, bei Bedarf waschen und gut abtropfen lassen. Die Früchte mischen. Die Suppe auf tiefe Teller schöpfen und die gemischten Früchte dekorativ in die Mitte setzen. Anschließend mit dem Limettensirup beträufeln.

Selbolder Ribbelsuppe

Zutaten

- 125 g Mehl
- 1 Ei
- 1 Prise Salz
- evtl. etwas Butter
- 1 l Milch
- 1 Vanilleschote
- 1 Stück Zitronenschale
- 4 EL Zucker

Zubereitung

Mehl, Ei und Salz verkneten. Ist der Teig zu fest, noch etwas weiche Butter oder Wasser einarbeiten. Den Teig zu einer Kugel formen und mindestens 2 Stunden kühl stellen.

Die Milch mit der aufgeschlitzten Vanilleschote, dem Stück Zitronenschale, 1 Prise Salz und Zucker aufkochen. Das Teigstück zerbröseln oder den Teig direkt in die heiße Milch in einer Richtung auf einer Reibe raspeln. Bei milder Hitze 5 bis 6 Minuten garen.

Milchsuppe für Kinder

Zutaten

- 1 l Milch
- 6 TL Vanillepuddingpulver
- 5 bis 6 EL Zucker
- 1 Päckchen Vanillezucker
- 1 Ei
- 1 TL Zucker
- Salz
- etwas Kakaopulver

Zubereitung

Von der Milch etwas abnehmen und das Puddingpulver darin glatt rühren. Die restliche Milch zum Kochen bringen. Das angerührte Puddingpulver einrühren und einmal aufkochen lassen, die Suppe mit Zucker und Vanillezucker abschmecken.

Das Ei trennen. Das Eigelb mit etwas Suppe mischen und in die heiße, nicht mehr kochende Suppe einrühren.

Das Eiweiß halb steif schlagen, mit Zucker und etwas Salz steif schlagen. Einen Topf mit Salzwasser zum Kochen bringen. Mit einem Esslöffel kleine Klößchen ins Wasser setzen und im geschlossenen Topf 8 bis 10 Minuten gar ziehen lassen. Die Klößchen mit etwas Kakaopulver bestreuen und in die heiße Milchsuppe setzen.

Milchsuppe für Erwachsene

Zutaten

- 150 g Erdbeeren
- 4 EL Weinbrand
- 4 EL Mandelblättchen
- 1/2 l Milch
- 1/2 l halbtrockener Rheingauer Riesling
- 4 bis 5 EL Zucker
- 6 TL Puddingpulver mit Erdbeergeschmack

Zubereitung

Die Erdbeeren waschen, putzen und klein schneiden. Mit dem Weinbrand übergießen. Die Mandelblättchen in einer fettfreien Pfanne leicht rösten. Von der Milch etwas abnehmen. Restliche Milch mit Wein und Zucker zum Kochen bringen. Puddingpulver in der kalten Milch glatt rühren, in die heiße Flüssigkeit gießen und einmal aufkochen lassen. Die Suppe in tiefe Teller schöpfen, marinierte Erdbeeren und Mandelblättchen darüber streuen.

Assmannshäuser Weinsuppe mit Sago

Zutaten

- 1 l halbtrockener Assmannshäuser Rotwein
- 1 Zimtstange
- 2 Gewürznelken
- 1 Sternanis
- 1 Msp. Muskatblüte
- 75 bis 100 g Zucker
- 40 g Sago
- 150 g süße Sahne
- 1 Päckchen Vanillezucker

Zubereitung

Den Rotwein mit der Zimtstange, den Gewürznelken, dem Sternanis und etwas Muskatblüte mit Zucker zum Kochen bringen. Den Sago einstreuen und 10 bis 20 Minuten sanft kochen lassen. Dabei öfter umrühren. Die Suppe eventuell nachsüßen. Feste Gewürze entfernen.

Die Sahne halb steif schlagen, den Vanillezucker einrieseln lassen und ganz steif schlagen. Die Sahne in einen Spritzbeutel mit Sterntülle geben. Die lauwarme Suppe auf Suppenteller verteilen und mit kleinen Sahnerosetten garnieren.

Backobstsuppe mit Schwemmklößchen

Zutaten

- 250 g gemischtes Backobst
- 1/4 l Apfelwein
- 3/4 l Apfelsaft
- 1 Vanillestange
- 1 Zimtstange
- 2 Zitronenscheiben
- 1 EL Speisestärke
- 1/8 l Milch
- 35 g Butter
- 1 Prise Salz
- 1 TL Zucker
- 65 g Mehl
- 1 bis 2 Eier

Zubereitung

Das Backobst mit dem Apfelwein begießen und 1 Stunde quellen lassen. Apfelsaft hinzufügen und mit der aufgeschlitzten Vanilleschote und der Zimtstange aufkochen. Die Zitronenscheiben zur Suppe geben. Speisestärke mit etwas kaltem Wasser glatt rühren, in die Suppe gießen und einmal aufkochen lassen.

Für die Klößchen Milch mit Butter, etwas Salz und Zucker aufkochen. Das Mehl einrühren und kurz rösten. Den Teig in eine Schüssel umfüllen und 1 Ei nach dem anderen einarbeiten. Wenn der Teig lange Spitzen bildet, ist er richtig. Salzwasser zum Kochen bringen und mit einem Teelöffel kleine Klößchen abstechen. Im geschlossenen Topf einige Minuten gar ziehen lassen und mit der Backobstsuppe anrichten.

Heiße Apfelweinsuppe mit Grießklößchen

Zutaten

- 2 rotschalige Äpfel
- 1/2 l Apfelsaft
- 1/2 l Apfelwein
- 1 Vanillestange
- 1 Zimtstange
- 2 Gewürznelken
- 1 EL Speisestärke
- 50 bis 75 g Zucker
- 150 g ml Milch
- 3 TL Hartweizengrieß
- Salz
- 1 EL Zucker
- etwas geriebene Zitronenschale
- 1 Eigelb

Zubereitung

Die Äpfel waschen und trockenreiben. Die Früchte vierteln, entkernen und längs in dünne Spalten hobeln. Apfelsaft und Apfelwein mit der aufgeschlitzten Vanilleschote, der Zimtstange und den Gewürznelken sowie den Apfelspalten 5 bis 8 Minuten sanft kochen, bis die Äpfel weich, aber noch nicht zerfallen sind.

Die Speisestärke mit etwas kaltem Wasser anrühren und in die heiße Suppe rühren. Einmal aufkochen lassen und mit Zucker süßen.

Für die Klößchen die Milch zum Kochen bringen und den Grieß mit dem Zucker einrieseln lassen. Einmal aufkochen lassen und mit etwas Salz, Zucker und geriebener Zitronenschale abschmecken. Das Eigelb unterrühren und auf Zimmertemperatur abkühlen lassen. Einen Topf mit Salzwasser zum Kochen bringen. Mit 2 Teelöffeln, die immer wieder ins siedende Wasser getaucht werden, kleine Klößchen abstechen und in dem Salzwasser 10 bis 12 Minuten gar ziehen lassen. Die festen Gewürze aus der Apfelsuppe entfernen und die Klößchen hinzufügen. Die Suppe schmeckt warm und kalt gleichermaßen gut.

Bierkaltschale

Zutaten

- 1/2 l Milch
- 1/2 l dunkles Bier
- 1 Stück Zitronenschale
- 1 Gewürznelke
- 1 Sternanis
- etwas Muskatblüte
- 3 TL Speisestärke
- 3 bis 4 EL Zucker
- 125 g süße Sahne
- 1 Eigelb
- 2 EL Weinbrand
- etwas gemahlene Gewürznelken

Zubereitung

Milch und Bier aufkochen. Das Stückchen Zitronenschale, die Gewürznelke, den Sternanis und etwas Muskatblüte dazugeben. Die Speisestärke mit etwas kaltem Wasser glatt rühren und in die Suppe gießen. Einmal aufkochen lassen. Die festen Gewürze entfernen und die Suppe mit Zucker süßen. Die Sahne mit Eigelb und Weinbrand mischen und in die warme Suppe rühren. Abkühlen lassen und für einige Stunden in den Kühlschrank stellen. Vor dem Anrichten mit dem Pürierstab aufmixen und mit etwas Nelkenpulver bestäuben.

Beschwipstes Zwetschgensüppchen mit Milchreisnocken

Zutaten

- 500 g Zwetschgen
- 4 EL Zwetschgenwasser
- 125 g Zucker
- 1/2 l trockener Assmannshäuser Rotwein
- 1/2 l Wasser
- 1 Zimtstange
- 2 Gewürznelken
- 1 Sternanis
- 1 EL Speisestärke
- etwas Zitronensaft
- 1/4 l Milch
- 150 g süße Sahne
- geriebene Zitronenschale
- 75 g Zucker
- 100 g Milchreis

Zubereitung

Die Zwetschgen waschen, abtropfen lassen, entkernen und längs vierteln. Die Zwetschgen mit dem Zwetschgenwasser begießen und mindestens 2 Stunden durchziehen lassen.

Den Zucker zu einem hellen Karamell schmelzen, Rotwein und Wasser hinzufügen und so lange erhitzen, bis sich der Karamell wieder gelöst hat. Zimtstange, Gewürznelken und Sternanis sowie die Zwetschgen hinzufügen und offen 5 bis 8 Minuten sanft garen.

Die Speisestärke mit etwas kaltem Wasser anrühren und in die Suppe gießen. Einmal aufkochen lassen, mit Zitronensaft abschmecken und die festen Gewürze entfernen.

Für die Milchreisnocken Milch und Sahne mit etwas geriebener Zitronenschale und Zucker aufkochen. Den Milchreis einstreuen und bei milder Hitze 20 bis 30 Minuten ausquellen lassen. Zwischendurch öfter umrühren.

Die Suppe auf tiefe Teller schöpfen. Mit zwei Esslöffeln vom lauwarmen Milchreis Nocken abstechen und in die Suppe setzen.

Die Suppe schmeckt heiß mit heißen oder abgekühlten Nocken. Oder Sie servieren die Suppe gut gekühlt mit warmen oder abgekühlten Nocken.

Kapitel 7

Damit's eine kraftvolle Suppe wird: Schmackhafte Brühen und feine Einlagen

Hühnerbrühe mit Hühnerklein

Zutaten

- 750 g Hühnerflügel oder Hühnerklein oder 3 Hühnerrücken
- 1,2 l Wasser
- 1 Bund Suppengrün
- 4 Stiele Petersilie
- 2 Lorbeerblätter
- 1 TL Pfefferkörner
- Salz

Zubereitung

Hühnerflügel, Hühnerklein oder Hühnerrücken kalt abbrausen und in dem Wasser 45 Minuten sanft kochen. Das Suppengrün putzen und grob würfeln. Nach 45 Minuten mit den Petersilienstielen, den Lorbeerblättern, den Pfefferkörnern und 1 gehäuften EL Salz in den Topf geben und weitere 30 Minuten kochen. Die Brühe neben dem Herd abkühlen lassen. Nach Belieben die fest gewordene Fettschicht entfernen und die abgekühlte Brühe durch ein Sieb gießen.

Hühnerbrühe mit Suppenhuhn

Zutaten

- 1/2 Suppenhuhn, ca. 1,3 kg
- 1,4 l Wasser
- 1 Zwiebel
- 1 Bund Suppengrün
- 100 g Champignons
- 3 Lorbeerblätter
- 1 TL Pfefferkörner
- 1 TL Pimentkörner
- 1 Döschen Safranpulver
- 1 Stück Zitronenschale
- etwas Curry
- Salz

Zubereitung

Das Suppenhuhn kalt abbrausen und mit dem Wasser 2 Stunden sanft kochen. Die Zwiebel halbieren und die Schnittflächen in einer Pfanne braun rösten. Das Suppengrün und die Champignons putzen und grob würfeln. Mit den Zwiebelhälften, den Lorbeerblättern, den Pfeffer- und den Pimentkörnern, dem Safranpulver und dem kleinen Stück Zitronenschale, einer kräftigen Prise Curry und 1 EL Salz nach 2 Stunden zum Suppenhuhn geben und sanft weitere 30 Minuten kochen. Die Brühe abkühlen lassen, nach Belieben entfetten und durch ein feinmaschiges Sieb gießen. Das gekochte Hühnerfleisch für eine Suppe oder einen leichten Salat verwenden.

Eine kräftige, fettreiche Hühnerbrühe aus Suppenhuhn ist ein gutes Mittel, um eine Erkältung in die Flucht zu schlagen.

Wildgeflügelbrühe

Zutaten

- 1 Fasan oder Wildente
- 1 EL Rapsöl
- 2 Zwiebeln
- 1 EL Tomatenmark
- 1 Bund Suppengrün
- 2 Stangen Sellerie
- 1/4 l trockener Rotwein
- 800 ml Wasser
- 150 g Champignons
- 2 Tomaten
- 4 Stiele Thymian
- 1 Stiel Rosmarin
- 4 Lorbeerblätter
- 1 TL Pfefferkörner
- 1 TL Pimentkörner
- 1 TL Koriandersamen
- 1 Gewürznelke
- Salz

Zubereitung

Nach Belieben die Brust vom Knochen schneiden und anderweitig verwenden. Die Karkasse in grobe Stücke teilen, kalt abspülen und trockentupfen. Das Geflügel im heißen Öl rundherum kräftig anbraten. Zwiebeln abziehen und grob hacken. Kurz mit anschwitzen und das Tomatenmark dazugeben.

Suppengrün und Sellerie putzen und grob würfeln. In den Topf geben und alles kräftig anbraten. Mit Rotwein ablöschen und 10 Minuten schmoren. Das Wasser dazugeben, zum Kochen bringen.

Champignons putzen und würfeln. Tomaten ebenfalls grob würfeln. Pilze, Tomaten, Thymian, Rosmarin, Lorbeerblätter, Pfeffer- und Pimentkörner, Koriandersamen, die Gewürznelke und 1 EL Salz hinzufügen. Die Brühe im geschlossenen Topf 1 Stunde sanft kochen. Die Brühe neben dem Herd abkühlen lassen, dann durch ein Sieb schütten.

Wildgeflügel ist nicht preiswert. Deshalb schneiden Sie die Brüste von Fasan oder Wildente vom Knochen und verwenden Sie das zarte Fleisch als Suppeneinlage oder braten es für ein anderes köstliches Mahl mit Pilzen, Rosenkohl und Kartoffelgratin.

Kräftige Fleischbrühe

Zutaten

- 1 kleine Beinscheibe vom Rind
- 3 Kalbsknochen
- 250 g Hühnerflügel oder Hühnerklein
- 200 g Dörrfleisch
- 1,3 l Wasser
- 2 Lorbeerblätter
- 1 Bund Suppengrün
- 1 Stange Lauch
- 4 Stiele Petersilie
- 1 TL Pfefferkörner
- 1 TL Wacholderbeeren
- Salz

Zubereitung

Beinscheibe, Kalbsknochen und Hühnerflügel oder Hühnerklein kalt abbrausen und mit dem Dörrfleisch und dem Wasser zum Kochen bringen. Alles 1,5 Stunden sanft garen. Lorbeerblätter, geputztes und grob gewürfeltes Suppengrün, klein geschnittenen Lauch, Petersilienstiele, Pfefferkörner, Wacholderbeeren und 1 EL Salz dazugeben und weitere 30 Minuten kochen. Die Brühe neben dem Herd abkühlen lassen und durch ein Sieb gießen. Das Fleisch kann klein geschnitten für eine Suppe oder kalt für einen Salat verwendet werden.

Schnelle Fleischbrühe

Zutaten

- 2 EL Rapsöl
- 500 g Rinderhackfleisch
- 200 g Zwiebeln
- 2 Päckchen tiefgefrorenes Suppengrün
- 2 Lorbeerblätter
- 1 l Wasser
- Salz

Zubereitung

Das Öl erhitzen und das Hackfleisch darin kräftig und krümelig anbraten. Zwiebeln abziehen und grob hacken. Zum Hackfleisch geben und ebenfalls kräftig anbraten. Das gefrorene Suppengrün dazugeben und kurz mitrösten. Lorbeerblätter, Wasser und 1 EL Salz hinzufügen und 20 Minuten kochen. Kurz ruhen lassen, dann durch ein Sieb gießen.

Fett ist ein ausgezeichneter Geschmacksträger. Wer jedoch eine fast fettfreie Brühe wünscht, lässt sie vollständig abkühlen und hebt die Fettschicht ab.

Um flüssiges Fett von einer warmen Brühe zu entfernen, wickeln Sie einige Eiswürfel in ein Küchentuch und betupfen damit die Oberfläche. Das Fett erstarrt am Küchentuch.

Rauchfleischbrühe

Zutaten

- 1,2 l Wasser
- Salz
- 500 g Schwarten und Endstücke vom Räucherspeck, geräucherte Leiterchen
- 2 Zwiebeln
- 1 Bund Suppengrün
- 1 TL Pfefferkörner
- 1 TL Wacholderbeeren
- 2 Lorbeerblätter

Zubereitung

Das Wasser mit 1 EL Salz zum Kochen bringen. Schwarten, Endstücke und Leiterchen hinzufügen und sanft 1,5 Stunden kochen. Die Zwiebeln abziehen, das Suppengrün putzen. Beides grob würfeln und mit Pfefferkörnern, Wacholderbeeren sowie den Lorbeerblättern dazugeben und 30 Minuten weiter kochen. Die Brühe neben dem Herd mindestens 2 Stunden ruhen lassen, dann durch ein Sieb gießen.

Für eine Brühe mit Rauchgeschmack kann auch die Haut von einem geräucherten Hähnchen, von geräucherten Forellen und vom Räucheraal verwendet werden.

Brühe aus Fleischknochen vom Schwein

Zutaten

- 750 g Fleischknochen
- 1 EL Rapsöl
- 1,2 l Wasser
- Salz
- 1 Zwiebel
- 2 Möhren
- 1 Stange Lauch
- 5 Stangen Sellerie
- 2 Lorbeerblätter
- 1 TL Pfefferkörner

Zubereitung

Die Fleischknochen in dem heißen Öl leicht anbraten und mit dem Wasser ablöschen. 1 EL Salz hinzufügen und die Brühe 3 Stunden sanft kochen. Zwiebeln abziehen, Möhren schälen, Lauch putzen und die Selleriestangen abfädeln. Das Gemüse grob würfeln und mit Lorbeerblättern und Pfefferkörnern zu den Knochen geben. Weitere 30 Minuten kochen. Die Brühe neben dem Herd abkühlen lassen und durch ein Sieb gießen.

Kalbsbrühe

Zutaten

- 500 g Kalbsbrust
- 2 Markknochen vom Kalb
- 1,2 l Wasser
- Salz
- 1 TL Pfefferkörner
- 1 TL Pimentkörner
- 4 Lorbeerblätter
- 1 Bund Suppengrün
- 1 Petersilienwurzel
- 2 Stiele Liebstöckel
- 1 Zwiebel

Zubereitung

Fleisch und Knochen abspülen und trockentupfen. Mit dem Wasser und 1 EL Salz 1,5 Stunden sanft kochen. Pfeffer- und Pimentkörner sowie die Lorbeerblätter hinzufügen und weitere 30 Minuten kochen. Suppengrün und Petersilienwurzel putzen und fein würfeln. Sellerie abfädeln und klein schneiden. Zwiebel abziehen und in Streifen schneiden. Das zerkleinerte Gemüse und Liebstöckelstiele in die Brühe geben und weitere 20 Minuten kochen. Neben dem Herd abkühlen lassen und durch ein Sieb gießen.

Je nach Jahreszeit besteht ein Bund Suppengrün aus 1 Möhre, 1 Stück Knollensellerie und 1 Stange Lauch. Im Sommer und Herbst ist ein Bund Suppengrün oft doppelt so üppig, sodass für Suppen und Brühen häufig die Hälfte ausreicht.

Rindsbrühe mit Ochsenschwanz

Zutaten

- 1 kg Ochsenschwanz in Stücken
- 1 EL Rapsöl
- 250 g Zwiebeln
- 2 EL Tomatenmark
- 1/4 l kräftiger Assmannshäuser Rotwein
- 4 Stangen Sellerie
- 1 Petersilienwurzel
- 2 Lorbeerblätter
- 1 TL Pfefferkörner
- 1 TL Senfkörner
- 1/2 Zimtstange
- 1 l Wasser
- Salz
- 4 EL trockener Sherry

Zubereitung

Die Ochsenschwanzstücke in dem heißen Rapsöl rundherum kräftig anbraten. Zwiebeln abziehen und grob würfeln. Zum Ochsenschwanz geben und kurz anschwitzen. Das Tomatenmark einrühren und mitrösten. Mit dem Rotwein ablöschen.

Sellerie und Petersilienwurzel putzen und grob würfeln. Mit Lorbeerblättern, Pfeffer- und Senfkörnern, dem Stück Stangenzimt und dem Wasser mit 1 EL Salz zum Ochsenschwanz geben und sanft 2,5 Stunden kochen. Den Sherry dazugießen und am besten neben dem Herd abkühlen lassen, dann durch ein Sieb gießen.

Rindfleischbrühe mit Suppenfleisch

Zutaten

- 2 Möhren
- 1/4 Sellerieknolle
- 1 Petersilienwurzel
- 2 Stangen Lauch
- 4 Lorbeerblätter
- 1 EL Senfkörner
- 1 EL Pfefferkörner
- 1 Gewürznelke
- 750 g Suppenfleisch
- 1,3 l Wasser
- Salz

Zubereitung

Möhren, Sellerieknolle und Petersilienwurzel schälen und grob würfeln. Den hellen Teil des Lauchs in Ringe schneiden. Das Gemüse mit Lorbeerblättern, Senf- und Pfefferkörnern, Gewürznelke, Suppenfleisch und dem Wasser mit 1 EL Salz in einen Topf geben und 2 Stunden sanft kochen. Die Brühe neben dem Herd auskühlen lassen. Dann durch ein Sieb gießen. Das Suppenfleisch würfeln und als Einlage für eine Suppe verwenden.

Lammbrühe

Zutaten

- 4 Zwiebeln
- 2 Knoblauchzehen
- 1 EL Olivenöl
- 1 Lammhals
- 2 EL Tomatenmark
- 1/4 l kräftiger Assmannshäuser Rotwein
- 1 l Wasser
- Salz
- 1 Bund Suppengrün
- 2 Stiele Thymian
- 1 Stiel Rosmarin
- 2 Lorbeerblätter
- 1 EL Pfefferkörner

Zubereitung

Zwiebeln und Knoblauch abziehen und grob würfeln. Olivenöl erhitzen und den Lammhals darin leicht anbraten. Die Zwiebeln, den Knoblauch und das Tomatenmark dazugeben und kurz mitrösten. Mit dem Rotwein ablöschen.

Wasser mit 1 EL Salz zum Lammhals geben und sanft 1,5 Stunden kochen. Das Suppengrün putzen und grob würfeln. Mit Thymian, Rosmarin, Lorbeerblättern und Pfefferkörnern zur Brühe geben und 30 Minuten kochen. Neben dem Herd abkühlen lassen, dann durch ein Sieb gießen.

Lammhals und Lammknochen, gut geeignet für eine würzige Lammbrühe, bekommen Sie bei türkischen und anderen ausländischen Lebensmittelhändlern.

Wildbrühe

Zutaten

- 2 Zwiebeln
- 2 Bund Suppengrün
- 1 kg Wildknochen
- 1 EL Rapsöl
- 2 EL Tomatenmark
- 1/4 l Assmannshäuser Rotwein
- 100 g Dörrfleisch
- 1 l Wasser, Salz
- 1 TL Pfefferkörner
- 1 TL Pimentkörner
- 1 TL Wacholderbeeren
- 4 Lorbeerblätter
- 1/2 Bund Thymian
- 4 Tomaten

Zubereitung

Zwiebeln und Suppengrün grob würfeln und halbieren. Knochen in Öl kräftig anbraten. Tomatenmark einrühren und mit Rotwein ablöschen. Dörrfleisch, Wasser, 1 EL Salz und die Hälfte der Zwiebeln und des Suppengrüns dazugeben und 2 Stunden kochen.

Restliche Zwiebeln und Suppengrün, alle Gewürze, Kräuter und Tomaten zur Brühe geben, weitere 45 Minuten kochen und durch ein Sieb gießen.

Einfache Gemüsebrühe

Zutaten
- 1 Zwiebel
- 1 Knoblauchzehe
- 1 TL Öl
- 1 l Wasser
- 2 Stangen Lauch
- 2 dicke Möhren
- 1/4 Knollensellerie
- 1 Lorbeerblatt
- 1 TL Pimentkörner
- Salz

Zubereitung

Zwiebel und Knoblauch abziehen, grob würfeln und in dem heißen Öl leicht anschwitzen. Mit dem Wasser ablöschen und zum Kochen bringen. Den hellen und hellgrünen Teil des Lauchs in 1 cm breite Ringe schneiden. Möhren und Sellerie schälen und mittelfein würfeln. Mit dem Lorbeerblatt, Pimentkörnern und 1 EL Salz zur Brühe geben und im geschlossenen Topf 20 Minuten garen. Neben dem Herd 10 Minuten ruhen lassen, dann durch ein Sieb gießen.

Kräftige Gemüsebrühe

Zutaten
- 1 Zwiebel
- 1 TL Rapsöl
- 1 Petersilienwurzel
- 2 Möhren
- 4 Stangen Sellerie
- 3 Stiele Liebstöckel
- 4 Lorbeerblätter
- 2 Stiele Thymian
- 1 EL Pfefferkörner
- 250 g Tomaten
- 100 g Champignons
- 1 Stück Zitronenschale
- Salz
- 1 l Wasser

Zubereitung

Die Zwiebel abziehen und fein würfeln. In dem heißen Öl anschwitzen. Petersilienwurzel und Möhren schälen und klein schneiden. Den Sellerie abfädeln und grob hacken. Das zerkleinerte Gemüse mit dem Liebstöckel zu den Zwiebeln geben und kurz mitrösten. Lorbeerblätter, Thymian, Pfefferkörner, Tomaten ohne Stielansatz und grob gewürfelt, zerkleinerte Champignons, Zitronenschale und 1 EL Salz sowie das Wasser zu den Zwiebeln geben. Die Brühe im geschlossenen Topf 20 Minuten sanft kochen. 10 Minuten neben dem Herd ruhen lassen, dann durch ein Sieb gießen.

Pilzbrühe

Zutaten

- 30 g getrocknete Pilze
- 1/4 l lauwarmes Wasser
- 2 Zwiebeln
- 1 Knoblauchzehe
- 1 EL Rapsöl
- 1 Bund Suppengrün
- 4 Stiele Thymian
- 1 Stiel Rosmarin
- 1 Lorbeerblatt
- 1 TL Pfefferkörner
- 1 TL Wacholderbeeren
- 3/4 l Wasser
- Salz
- 100 g Champignons
- 100 g Shiitakepilze
- 100 g Kräuterseitlinge oder Austernpilze

Zubereitung

Die getrockneten Pilze in dem lauwarmen Wasser 30 Minuten einweichen. Die Zwiebeln und den Knoblauch abziehen und fein würfeln. Das Öl erhitzen und beides darin anschwitzen. Das Suppengrün putzen und klein schneiden. Zu den Zwiebeln geben und kurz mitrösten. Thymian, Rosmarin, das Lorbeerblatt, Pfefferkörner, Wacholderbeeren, Wasser, 1 EL Salz und die eingeweichten Pilze mit dem Einweichwasser dazugeben und sanft 20 Minuten kochen. Alle frischen Pilze putzen und klein würfeln. Zur Brühe geben und weitere 20 Minuten sanft kochen. Neben dem Herd abkühlen lassen, dann durch ein Sieb gießen.

Kräuterbrühe

Zutaten

- 2 Zwiebeln
- 1 Knoblauchzehe
- 1 EL Rapsöl
- 1 Bund Suppengrün
- 1 l Wasser
- Salz
- 4 Lorbeerblätter
- 1/2 Bund Thymian
- 3 Stiele Rosmarin
- 1 Bund Petersilie
- 1/2 Bund Estragon
- 4 Stiele Salbei
- 2 Stück Zitronenschale
- 1 EL Pfefferkörner

Zubereitung

Zwiebeln und Knoblauch abziehen und fein würfeln. Das Rapsöl erhitzen und beides darin leicht anschwitzen. Das Suppengrün putzen und fein würfeln. Zu den Zwiebeln geben und kurz mitrösten. Mit dem Wasser ablöschen und mit 1 EL Salz würzen. Lorbeerblätter, alle Kräuter, die Zitronenschale und die Pfefferkörner dazugeben und sanft 20 Minuten kochen. Die Brühe sofort durch ein Sieb gießen.

 Alle Brühen können übrigens problemlos 2 bis 3 Monate eingefroren werden.

Fischbrühe

Zutaten

- 1 kg Fischabschnitte und Fischgräten
- 2 Zwiebeln
- 1 EL Butter
- 1 Bund Suppengrün
- 1/4 l trockener Rheingauer Riesling
- 1/2 Bund Petersilie
- 1/2 Bund Dill
- 1 TL Dillsamen
- 1 TL Pfefferkörner
- 1 TL Senfkörner
- 1 TL Wacholderbeeren
- 1 Döschen Safranpulver
- 3/4 l Wasser
- Salz

Zubereitung

Die Fischabschnitte und Fischgräten kalt abspülen und trockentupfen. Die Zwiebeln abziehen und fein würfeln. Die Butter erhitzen und die Zwiebeln darin anschwitzen. Das Suppengrün putzen und fein würfeln. Zu den Zwiebeln geben und kurz mitrösten. Mit dem Wein ablöschen.

Fischabschnitte und Fischgräten, Petersilie, Dill, Dillsamen, Pfeffer- und Senfkörner, Wacholderbeeren, Safranpulver, Wasser und 1 EL Salz hinzufügen und sanft 20 Minuten kochen. Neben dem Herd 15 Minuten ruhen lassen, dann durch ein Sieb gießen.

Garnelenbrühe

Zutaten

- 2 Schalotten
- 1 Knoblauchzehe
- 1 EL Butter
- 100 g Garnelenschalen und Garnelenköpfe
- 1/4 l trockener Rheingauer Riesling
- 2 Stangen Sellerie
- 4 Stängel Dill
- 2 Stück Zitronenschale
- 3/4 l Wasser
- Salz

Zubereitung

Schalotten und Knoblauch abziehen und fein würfeln. Die Butter erhitzen und beides darin kurz anschwitzen. Die Garnelenschalen und Garnelenköpfe hinzufügen und so lange mitrösten, bis sie duften. Mit dem Wein ablöschen und 3 Minuten einkochen.

Selleriestangen abfädeln und klein schneiden. Mit dem Dill, der Zitronenschale, dem Wasser und 1 EL Salz zu den Garnelenabschnitten geben und sanft 20 Minuten kochen. Die Brühe neben dem Herd 30 Minuten abkühlen lassen, dann durch ein Sieb gießen.

Fischabschnitte und Fischgräten bekommen Sie beim Fischhändler. Wenn Sie für ein Gericht frische Garnelen gleich welcher Größe brauchen, dann verwenden Sie die Panzer und Köpfe für eine Brühe, das ergibt eine besonders aromatische Suppengrundlage.

Eierstich

Zutaten

- 1 Ei (Größe L)
- 75 ml Milch
- Salz
- Pfeffer aus der Mühle
- Muskatnuss
- Butter für die Form

Zubereitung

Das Ei mit der Milch verrühren, nicht schaumig schlagen. Die Masse mit Salz, Pfeffer und etwas frisch geriebener Muskatnuss würzen. Am besten ein eckiges feuerfestes Gefäß einfetten und die Eimasse einfüllen. Die Form mit einem Deckel oder Alufolie verschließen und im heißen Wasserbad je nach Gefäßgröße und Gefäßhöhe 10 bis 20 Minuten stocken lassen. Den Eierstich leicht abgekühlt würfeln oder mit kleinen Ausstechern Figuren ausstechen und in die heiße Suppe geben.

Sie können die Eimasse für einen roten Eierstich mit 1 TL Tomatenmark oder Paprikapulver, für einen grünen Eierstich mit 1 EL fein gehackten Kräutern mischen.

Grießklößchen

Zutaten

- 300 ml Milch
- 3 TL Butter
- Salz
- Muskatnuss
- geriebene Zitronenschale
- 3 EL Hartweizengrieß
- 1 Ei

Zubereitung

Die Milch mit Butter, 1 Prise Salz, etwas frisch geriebener Muskatnuss und ein wenig Zitronenschale zum Kochen bringen. Den Grieß einrieseln lassen und mit dem Schneebesen einrühren. Die Grießsuppe bei mittlerer Hitze einmal aufkochen lassen. Im geschlossenen Topf neben dem Herd ausquellen lassen. Das Ei unterrühren und mit zwei angefeuchteten Teelöffeln oder Esslöffeln Klößchen formen und in siedendem Salzwasser oder siedender Brühe gar ziehen lassen.

Goldene Teigtropfen

Zutaten

- 2 Eier
- 60 bis 70 g Mehl
- etwas Milch
- Salz
- Pfeffer aus der Mühle
- Muskatnuss
- Butterschmalz oder Öl zum Ausbacken

Zubereitung

Die Eier mit dem Mehl und etwas Milch zu einem dickflüssigen Teig verrühren. Mit Salz, Pfeffer und etwas frisch geriebener Muskatnuss abschmecken. Den Teig 20 Minuten ausquellen lassen. Reichlich Butterschmalz oder Öl in einem Topf oder in einer Fritteuse erhitzen. Den Teig durch ein Lochsieb (Durchmesser der Löcher 3 bis 5 cm) ins heiße Fett tropfen lassen. Die gebackenen Teigtropfen mit einem Schaumlöffel herausheben und auf Küchenpapier entfetten. Frisch und knusprig zur heißen Suppe reichen.

Pfannkuchenstreifen

Zutaten

- 3 EL Mehl
- 1 Ei
- 1/8 l Milch
- 1 EL flüssige Butter
- Salz
- Muskatnuss
- 1 EL gehackte Kräuter, nach Belieben
- Butterschmalz zum Braten

Zubereitung

Das Mehl mit dem Ei glatt rühren. Milch und flüssige Butter dazugeben und den Teig mit Salz, etwas frisch geriebener Muskatnuss und den gehackten Kräutern würzen. Den Teig 20 Minuten ausquellen lassen. Etwas Butterschmalz in einer Pfanne erhitzen und aus dem Teig zwei dünne Pfannkuchen backen und sofort fest aufrollen. Die abgekühlten Pfannkuchenrollen in dünne Streifen schneiden und zur heißen Suppe geben.

Haferflockenklößchen

Zutaten

- 1 Schalotte
- 1 EL Butter
- 100 ml Wasser
- 2 EL Milch
- 50 g Haferflocken
- 1 Ei
- Salz
- Pfeffer aus der Mühle
- Muskatnuss
- 1 EL gehackte Petersilie
- geriebene Orangenschale

Zubereitung

Die Schalotte abziehen und fein würfeln. Die Butter erhitzen und die Schalottenwürfel darin weich schmoren. Wasser, Milch und Haferflocken dazugeben. So lange erhitzen, bis sich ein Kloß gebildet hat. Den Teig in eine Schüssel umfüllen. Das Ei unterrühren und die Masse mit Salz, Pfeffer, etwas frisch geriebener Muskatnuss, gehackter Petersilie und ein wenig geriebener Orangenschale abschmecken. Mit zwei angefeuchteten Teelöffeln von der abgekühlten Masse kleine Klößchen abstechen und in siedendem Salzwasser oder siedender Brühe 5 bis 7 Minuten gar ziehen lassen.

Käseklößchen

Zutaten

- 60 g weiche Butter
- 1 Ei
- 75 g Hartweizengrieß
- 4 EL geriebener Parmesan
- Salz
- Pfeffer aus der Mühle
- Muskatnuss

Zubereitung

Die weiche Butter schaumig rühren. Ei, Grieß und Parmesan einrühren. Die Masse mit Salz, Pfeffer und etwas frisch geriebener Muskatnuss abschmecken. Im Kühlschrank 30 Minuten ausquellen lassen. Mit zwei angefeuchteten Teelöffeln oder Esslöffeln Klößchen abstechen und in siedendem Salzwasser oder siedender Brühe 8 bis 12 Minuten gar ziehen lassen.

Fleischklößchen

Zutaten

- 1 Scheibe Toastbrot
- 1/2 Schalotte
- 1 TL Butter
- 1 TL Tomatenmark
- 125 g Hackfleisch
- 1 Eigelb
- Salz
- Pfeffer aus der Mühle
- 1 EL gehackte Petersilie

Zubereitung

Das Toastbrot entrinden und zerkrümeln. Die Schalotte abziehen und fein würfeln. Die Butter zerlassen und die Schalotte darin weich schmoren. Abgekühlt mit Brotkrümeln, Tomatenmark, Hackfleisch und Eigelb zu einem glatten Teig verarbeiten. Mit Salz, Pfeffer und gehackter Petersilie würzen. Die Masse kurz kühlen und mit feuchten Händen kleine Bällchen formen. In siedendem Salzwasser oder siedender Brühe 5 bis 6 Minuten gar ziehen lassen.

Markklößchen

Zutaten

- 1 Schalotte
- 100 g Rindermark
- 1 Ei
- 5 bis 6 EL Paniermehl
- Salz
- Pfeffer aus der Mühle
- 2 EL gehackte Petersilie

Zubereitung

Die Schalotte abziehen und fein würfeln. Das Mark grob würfeln und bei geringer Hitze verflüssigen. Die Schalotte dazu geben und weich schmoren. Diese Zubereitung durch ein feines Sieb gießen und abkühlen lassen. Das Mark mit dem Ei cremig aufschlagen und mit dem Paniermehl zu einer formbaren Masse mischen. Mit Salz, Pfeffer und Majoran würzen. Mit angefeuchteten Teelöffeln oder Händen kleine Klößchen formen und in siedendem Salzwasser oder siedender Brühe 5 bis 7 Minuten sanft gar ziehen lassen.

Leberknödel

Zutaten

- 2 altbackene Brötchen
- 1/4 l lauwarme Milch
- 1 Schalotte
- 1 TL Butter
- 125 g Kalbsleber
- 1 Ei
- 2 bis 3 EL Paniermehl
- Salz
- Pfeffer aus der Mühle
- Muskatnuss
- 1/2 TL getrockneter Majoran
- 1 EL gehackte Petersilie

Zubereitung

Von den Brötchen die Rinde abreiben und beiseite legen. Die Brötchen mit der lauwarmen Milch begießen. Die Schalotte abziehen und fein würfeln. Die Butter erhitzen und die Schalotte darin weich schmoren. Die Kalbsleber durch den Fleischwolf drehen und im Blitzhacker pürieren. Die Brötchen gut ausdrücken und zur Leber zupfen. Die Schalotte und das Ei einrühren. Zuerst den Brötchenabrieb einrühren, dann nur so viel Paniermehl dazugeben, bis die Masse formbar ist. Mit Salz, Pfeffer, etwas frisch geriebener Muskatnuss, Majoran und Petersilie würzen. Mit zwei angefeuchteten Teelöffeln oder Esslöffeln Klößchen abstechen und in siedendem Salzwasser 10 bis 20 Minuten gar ziehen lassen.

Verzeichnis der Rezepte

Außerdem sind im Societäts-Verlag erschienen:

Die Frankfurter Küche –
mehr als Grüne Soße und Bethmännchen

Gerd Soller
Frankfurter Kochbuch
Societäts-Verlag 2000
144 Seiten
gebunden mit Schutzumschlag
€ 16,40
ISBN 3-7973-0741-1

Das schön gestaltete Kochbuch widmet sich der ganzen Bandbreite der Frankfurter Kochkunst. Von der Vorspeise bis zum Nachtisch präsentiert Gerd Sollner eine Kochkultur, die es wert ist, entdeckt zu werden. Das gilt für die Rezepte der Großmutter Goethes genauso wie die kulinarische Adelung des Handkäs': serviert in einer Marinade aus Grauburgunder, feinem Weinessig und etwas Trüffelöl, gekrönt mit Trüffelraspeln. So wird die Tradition der einst weltberühmten Frankfurter Küche neu belebt und für den modernen Haushalt gebräuchlich gemacht.

So lecker ist der Taunus

Andreas Burger,
Alexander Schneider
Kochen im Taunus
Societäts-Verlag 2003
136 Seiten, gebunden
mit Schutzumschlag
und zahlreichen Abbildungen
€ 16,40
ISBN 3-7973-0835-3

In den Kochtöpfen des Taunus gibt es viel zu entdecken: regionale Spezialitäten, grundsolide Leckereien und feinste Kochkunst. Andreas Burger und Alexander Schneider sind für ihr Kochbuch Kochen im Taunus auf Entdeckungstour durch die Küchen der Region gegangen. Die Rezepte präsentieren die Autoren als kulinarischen Kalender von Januar bis Dezember. Süßes und Deftiges, Schlankes und Üppiges von der Suppe bis zum Dessert – jeweils abgestimmt auf die Saison und regionale Naturprodukte wie Kräuter, Kastanien, Apfelwein oder Wild. Ergänzt wird diese Vielfalt der Kochideen von lesenswerten Porträts über die spitzenköche der Region und kleinen Anekdoten rund ums Essen und Genießen im schönen hessischen Mittelgebirge.